Walther Frederking

Lateinische Weisheit im Alltag

Redensarten, Zitate, Sprüche
erklärt und angewendet

Anaconda

Die deutsche Nationalbibliothek verzeichnet diese Publikation in der
Deutschen Nationalbibliografie; detaillierte bibliografische Daten
sind im Internet unter http://dnb.d-nb.de abrufbar.

Genehmigte Lizenzausgabe für Anaconda Verlag GmbH
© dieser Ausgabe 2012 Anaconda Verlag GmbH, Köln
Alle Rechte vorbehalten.
Umschlagmotive: Seher im Ostgiebel des Zeustempels in Olympia,
akg-images / John Hios (Skulptur). – iStockphoto.com (Säulen)
Printed in Czech Republic 2012
ISBN 978-3-86647-732-2
www.anacondaverlag.de
info@anacondaverlag.de

Inhaltsverzeichnis

Vorwort

Bei einer Protestveranstaltung gegen Entscheidungen eines Schulleiters, die von vielen als willkürlich angesehen wurden, rief ein junger Mann „Principibus obstā". Wahrscheinlich versprach er sich von dieser prägnanten Formulierung eine besondere Schlagkraft. Als er die deutsche Wendung hinzufügte, „Wehret den Anfängen!", war es klar, dass er „Principiis" gemeint hatte, nicht „Principibus" (den Führern).

Den reichen Schatz an Weisheit, der sich in mehr als zweitausend Jahren in lateinischen Sprüchen angesammelt hat, möchte unser Büchlein einem breiten Leserkreis in neuer und vergnüglicher Form zugänglich machen.

Dieses Büchlein wendet sich an

- Freunde von Sprichwörtern,

- Freunde der lateinischen Spruchweisheit, die es freut, Altbekanntes wie auch weniger Bekanntes neu oder in neuer Umgebung zu sehen, oder die sich an manche Sprüche vage erinnern und wissen möchten, worum es denn da wirklich ging;

- Freunde der lateinischen Sprache, die ihre Sprachkenntnisse auffrischen möchten;

- Leser, die derzeit Latein lernen und den Spracherwerb durch Spruchweisheiten interessanter machen wollen;

- Leser, die gern lateinische Zitate benutzen und dabei sicher sein möchten, dass sie nach Sinn und sprachlicher Form korrekt zitieren;

- Leser ohne Kenntnisse des Lateinischen, die wissen möchten, wie und wo man lateinische Zitate sinnvoll verwenden kann.

Bei jedem lateinischen Zitat stehen neben der Angabe der Herkunft

- eine Übersetzung,

- eine Erläuterung der Bedeutung,

- ein Beispiel für den passenden Gebrauch,

- genaue Angaben zum vorkommenden Wortschatz mit Hinweisen auf die korrekte Betonung sowie auf verwandte deutsche, englische, französische und italienische Wörter, um die Auffrischung oder Erweiterung des neusprachlichen Wortschatzes zu unterstützen,

- ausführliche Erklärungen der sprachlichen Form: Bestimmung der Formen und des Satzbaus sowie Anmerkungen zur Textgrammatik, damit das Zitat sprachlich voll und ganz durchschaubar wird.

Viel Vergnügen bei der Lektüre!

Einführung

Der spätantike Philosoph Boéthius (um 476-524) erzählt im zweiten Buch seiner 'Consolátio philosóphiae' von einem Mann, der sich nur aus Eitelkeit mit der Philosophie beschäftigte und bei jeder Gelegenheit damit prahlte. Ein anderer wollte ihn deshalb bloßstellen und sagte zu den Umstehenden: „Ihr werdet schon bald sehen, ob er wirklich ein Philosoph ist." Dann überhäufte er den Angeber mit Schmähungen. Dieser hörte lächelnd zu. Nach einer Weile des Schweigens sagte er: „Nun siehst du, dass ich ein Philosoph bin." Die Antwort kam prompt: „Ich würde es sehen, wenn du geschwiegen hättest: Intelléxeram, si tacuisses.„

Da dieser Satz allein unverständlich wäre, hat sich bald die Form 'si tacuisses, philósophus mansisses' (s. u. Nr. 20) herausgebildet: 'Wenn du geschwiegen hättest, hättest du weiterhin als Philosoph – oder: als philosophisch gebildet – gelten können.' Später wurde das Wort 'philósophus' ein Bild für alle möglichen Fähigkeiten; dadurch wurde die Bedeutung des Zitats ausgeweitet: Der Angeber verrät seine Unfähigkeit selbst durch sein Reden.

Zitate wie dieses über den unechten Philosophen und weitere, die heute noch lebendig sind und die noch gültige oder zur Auseinandersetzung anregende Aussagen enthalten, sind in unsere kleine Sammlung aufgenommen, des weiteren einige, die weniger bekannt sind, es aber verdienen, dass man sie zur Kenntnis nimmt. Darunter befinden sich auch Rechtsregeln, die geeignet sind, Einblicke in unser Rechtssystem zu geben.

Außerdem sind einige Redensarten aufgeführt, die immer wieder verwendet werden, wobei manche Menschen vielleicht nicht wissen, was sie bedeuten, wie z. B. 'última rátio' (s. u. Nr. 95) oder 'mutatis mutandis' (s. u. Nr. 46), was nicht etwa, wie italienische Studenten scherzhaft sagen, 'nach dem Wechsel der Unterhose' ('le mutande') heißt.

Die 102 Zitate sind in fünf Kapiteln thematisch zusammengefasst und durchnummeriert. Zum schnellen Nachschlagen dienen zwei alphabetische Listen, eine lateinische und eine deutsche; letzterer ist der lateinische Text beigefügt.

Sprichwörter und Geflügelte Wörter

Die aufgenommenen Sprüche sind zu einem Teil den Sprichwörtern, zu einem großen Teil den Geflügelten Worten zuzurechnen. Beiden Gattungen ist gemeinsam, dass sie alle mehr oder weniger deutlich eine Lebensregel enthalten, die zeigt oder ableitbar macht, wie man sich zu verhalten hat, wenn man klug oder auf seinen Nutzen bedacht oder sittlich verantwortet handeln will. Eine versteckte Handlungsanweisung liegt auch dort vor, wo lediglich Tatsachenbehauptungen über den Lauf der Welt ausgedrückt sind.

Ein formales Merkmal von Sprichwörtern und Geflügelten Worten ist ihr hoher Verbreitungsgrad im Volk oder in einer Gruppe. Bei den Geflügelten Worten ist der Urheber grundsätzlich bekannt, wobei diese Information später manchmal verloren ging, beim Sprichwort nicht, so dass man früher gemeint hat, es sei wie das Volkslied eine Schöpfung des Volkes.

Ein weiteres Merkmal der Sprüche ist die in der Regel sehr sorgfältige Formung. Dadurch haften sie leichter im Gedächtnis und können überzeugender wirken. Auf Beispiele besonders ausgewogener Form wird bei einzelnen Zitaten hingewiesen.

Quellen: Antike oder mittelalterliche Autoren und neuere Sammlungen

Eine ergiebige Quelle von Zitaten sind Dramen und Gedichte, aber auch Prosatexte. Die Tradierung erfolgte zunächst mündlich, dann meistens schriftlich von Generation zu Generation, oft auch in Sammelwerken. Eine große Rolle bei der Weitergabe hat die Schule, besonders der Lateinunterricht, gespielt.

Schon Aristoteles hat sich mit Sprichwörtern befasst und offenbar selbst welche gesammelt. Viele griechische Sprichwörter sind von den Römern übernommen worden, wo sie zum Beispiel in den Komödien des Plautus auftauchen. Aus den volkstümlichen Darstellungen von Szenen aus dem alltäglichen Leben bei Publílius Syrus (1. Jh. v. Chr.) ist eine Spruchsammlung überliefert. Ein kleines Handbuch der Vulgärethik in Versen aus dem 3. Jh. n. Chr. ist unter dem Namen „Dísticha Catonis" erhalten und war im Mittelalter als Schulbuch verbreitet.

Die größte Sammlung von Sprüchen zu Beginn der Neuzeit stammt von Erasmus von Rotterdam (1533); die erste wissenschaftlich fundierte Ausgabe von lateinischen Sprichwörtern hat A. Otto, „Die Sprichwörter der Römer" (1890) erstellt, die umfangreichste mit über hunderttausend mittelalterlichen und neueren Sprichwörtern Hans Walther, „Provérbia sententiaeque Latinitatis médii aevi" (1963ff.) in 6 Bänden (fortgesetzt von P. G. Schmidt, 1982ff.); das größte elektronische lateinische Zitatenwerk ist das von Ernst Bury „In médias res" mit über 26000 Eintragungen (Directmedia Berlin, 20064).

Mehr als 1600 Eintragungen hat die Sammlung „Lateinische Rechtsregeln und Rechtssprichwörter" von Detlef Liebs (Darmstadt, 20077).
Als weitere Quellen, die für diese Sammlung herangezogen wurden, sind zu nennen: Büchmann, „Geflügelte Worte", Heinrich G. Reichert, „Urban und human. Unvergängliche lateinische Spruchweisheit" (Hamburg, 19564), Wilfried Stroh, „Latein ist tot, es lebe Latein! Kleine Geschichte einer großen Sprache" (Berlin, 2007).

Zitieren

Sprichwörter und Geflügelte Worte werden auch heute gern zitiert. Mit einem Zitat kann man seine Rede schmücken, man kann den eigenen Aussagen größeres Gewicht verleihen, man kann aber auch zeigen, wie gebildet man ist, oder anders gesagt, wie sehr man in der eigenen Kultur, sagen wir lieber vorsichtig, in einem Ausschnitt von ihr, verwurzelt ist. Auch dann, wenn unter den Zuhörern niemand Latein versteht, wird ein mit Übersetzung gegebenes lateinisches Zitat Eindruck machen, wenn es beiläufig daherkommt.
Sprichwörter verschwinden, neue entstehen, manchmal auch aus Werbeslogans. Wer kennt noch alte deutsche Sprichwörter wie „Ein guter Gefährt ist so gut wie ein Pferd"? oder „Ein freundlich Gesicht ist ein gutes Gericht"? Die lateinischen Sprichwörter sind gut konserviert, aber

ihr Gebrauch ist natürlich – modischen – Schwankungen unterworfen.
Was jemand zitieren möchte, ist allein der persönlichen Entscheidung
überlassen.

Textgestaltung

Damit man das Büchlein an jeder Stelle mit vollem Gewinn aufschlagen
kann, sind bei sämtlichen Zitaten Wörter und Strukturen vollständig
kommentiert; die Erläuterungen können sich dank der Wiederholung auch
leichter einprägen.

Bei den Vokabeln werden angegeben

bei Verben:

die lateinischen ‚Stammformen' (vollständig, soweit vorhanden):
z. B. laborare, laboro, laboravi, laboratum (arbeiten, ich arbeite, ich habe
gearbeitet, gearbeitet); hinzugefügt wird die deutsche Bedeutung des
Verbs im Infinitiv: 'arbeiten'.
Wenn das Partizip Perfekt Passiv eines Verbs nicht existiert, steht ein „–"
oder in Klammern das Partizip Futur Aktiv;

bei Substantiven:

Nominativ, Genitiv, Genus (m, f, n),
und deutsche Bedeutung im Nominativ
z. B. deus, dei: m Gott;

bei Adjektiven:

Nominativ Singular in allen drei Genera,
z. B. beatus, beata, beatum, dazu die Bedeutung:
glücklich, glückselig, zufrieden

Bei Verben, Substantiven und Adjektiven sind zahlreiche verwandte
deutsche Wörter beigefügt, ohne dass Vollständigkeit angestrebt würde.
Wenn es im Englischen, Französischen und Italienischen gleiche oder na-
hezu gleiche Wörter gibt, wird in der Regel in jeder Sprache nur ein Wort
angegeben, sonst gewöhnlich mehrere. Die übrigen Wortarten sind nur
gelegentlich mit modernen Parallelen versehen.

Bei einigen Wörtern, die einem starken Bedeutungswandel unterliegen, sind die deutschen Bedeutungen mit aufgeführt, z. B. lat.: a) *suavis:* süß, lieblich, angenehm – engl.: suave (weltmännisch; aalglatt); b) *tenere:* halten – frz: tenant (Mieter), it.: tenente (Oberleutnant).

Sprüche mit der Quellenangabe 'nach' sind gebräuchliche sinngemäße Ableitungen einer Formulierung des angegebenen Autors. 'Bildungssprachlich' als Herkunftsangabe bezeichnet Sprüche, die ohne eine zuverlässige Quellengabe seit Generationen von den Lateinschülern gelernt wurden oder werden.

Mit '< >' werden Zusätze bezeichnet, die vom Satzbau her nötig oder sinnvoll sind.

Aussprachehilfen

Zur Erleichterung einer angemessenen Aussprache haben wir alle langen Vokale unterstrichen, z. B. 'vita' mit langem 'i' wie in dem deutschen Wort 'Liebe'.

Überall dort, wo die Betonung auf der drittletzten Silbe liegt statt wie meistens auf der zweitletzten, haben wir den Silbenvokal mit Akzent versehen, z. B. 'hóminum' ('der Menschen') mit Betonung auf der Silbe 'ho'.

Genauere Angaben enthält das Kapitel 'Anmerkungen zur Aussprache'.

Über das Glück

1. Quod di bene vortant! /
Quod Deus bene vertat!

Herkunft:	Nach Terénz (um 195 – 159 v. Chr.), Eunuchus 390
Wörtlich:	Was die Götter zum Guten wenden mögen! Das mögen die Götter gut ausgehen lassen! / Das möge Gott zu einem guten Ende bringen!
Bedeutung:	Ein frommer Wunsch für das Gelingen eines Planes, der mit großem Risiko verbunden ist.
Beispiel:	„Wie? Du willst dir Geld leihen, um damit an der Börse zu spekulieren?" „Ich will doch mein Haus abbezahlen, bevor ich in den Ruhestand gehe. Und die Bank hat gesagt, zur Zeit sei das völlig unbedenklich." „Da kann ich nur sagen: Quod di bene vortant!"
Vokabeln:	qui, quae, quod: *Relativpronomen* welcher, welche, welches; der, die, das; wer, was deus, dei: *m* Gott ▸ dt. Deismus, Diva, engl. divine, frz. dieu, it. dio, divino bene: *Adverb* zu bonus, bona, bonum gut ▸ dt. Benefiz, engl. beneficent, frz. bien, it. bene vértere, verto, verti, versum: wenden (alte Form: vórtere) ▸ dt. Version, konvertieren, engl. version, frz. version, it. vertere
Grammatik:	*quod*: Akkusativobjekt zu *vortant* *di*: Subjekt zu *vortant*, *di* ist eine übliche Kurzform für den Nominativ Plural von *deus* (statt *dei*). *bene*: Adverbiale zu *vortant* bzw. *vertat* *vortant* bzw. *vertat*: 3. Person Plural bzw. Singular Konjunktiv Präsens zum Ausdruck des Wunsches, Prädikat Die Verwendung des Relativpronomens (hier: *quod*) statt des Demonstrativpronomens nennt man 'relativischen Anschluss'. Er dient zur engen Anbindung an das vorher Gesagte.

2. Omnes beati esse volunt.

Herkunft:	Nach Augustinus (354 – 430 n. Chr.), Enarrationes in psalmos 33
Wörtlich:	Alle wollen glücklich sein.
Bedeutung:	Alle Menschen wollen einen Zustand erreichen, in dem sie sich glücklich fühlen. Worin aber besteht dieses Glück? Im Haben? Im Sein? Im Tun? In einem schmerzfreien Dasein wie bei den Epikureern? In einem Leben in vernünftiger Übereinstimmung mit der Natur wie bei den Stoikern? Im persönlichen Glauben an Gott?
Beispiel:	„Du strahlst ja so! Hast du im Lotto gewonnen?" „Viel besser! Wir haben gerade beschlossen, zu heiraten und Kinder zu bekommen." „Ja, auch das ist einer der vielen Wege zum Glück, und schließlich gilt ja immer noch: Omnes beati esse volunt."
Vokabeln:	omnis, omnis, omne: all, jeder, ganz ▸ dt. Omnibus, Omnipotenzphantasien, engl. omniscient, frz. omnipotence, omniprésence, it. onnipresente beatus, beata, beatum: glücklich, glückselig, zufrieden ▸ engl. beatitude, fr. béat, béatitude, it. beato esse, sum, fui, (futurus): sein ▸ dt. Futur, engl. future, frz. être, futur, it. essere, futuro velle, volo, vólui, – : wollen ▸ dt. Volontär, engl. voluntary, volunteer, frz. vouloir, it. volere, volentieri
Grammatik:	*omnes*: hier als maskulines Substantiv gebraucht, Subjekt zu *volunt* *volunt*: 3. Person Plural Indikativ Präsens von *velle* *beati*: Prädikatsnomen zur Kópula *esse* *beati esse volunt*: Prädikat Beachten Sie die Kongruenz des Adjektivs *beati* mit dem maskulinen Substantiv *omnes*.

3. <u>Ora</u> et lab<u>ora</u>!

Herkunft:	Regel des Heiligen Bénedikt (um 480 – um 550 n. Chr.)
Wörtlich:	Bete und arbeite!
Bedeutung:	Nach Ansicht des Heiligen Bénedikt sollen die Mönche nicht nur beten, sondern – im Gegensatz etwa zu wandernden Bettelmönchen – auch arbeiten, je nach ihren Fähigkeiten körperlich oder wissenschaftlich (Einen ähnlichen Spruch gab es übrigens schon im Griechischen). Zur religiösen Bindung gehört beides: Meditation und das Tätigsein für die Mitmenschen, und zwar an der Stelle, wo man sich befindet, und in der Rolle, der man gewachsen ist.
Beispiel:	Wer einen religiösen Halt hat, kann seine Rolle mit mehr Zuversicht ausfüllen: er tut seine Arbeit und vertraut darauf, dass seine Gebete erhört werden; ihm wird die Weisung 'Or<u>a</u> et lab<u>ora</u>!' auch in schwierigen Zeiten eine Hilfe sein.
Vokabeln:	<u>ora</u>re, <u>oro</u>, <u>ora</u>vi, <u>ora</u>tum: reden; erbitten, beten ▸ dt. Oratorium, engl. orate, orator, adore, frz. adorer, orateur, it. adorare, orazione, oratore et: *Konjunktion* und, (*manchmal:*) auch lab<u>ora</u>re, lab<u>oro</u>, lab<u>ora</u>vi, lab<u>ora</u>tum: arbeiten ▸ dt. laborieren, Labor, Laborant, engl. collaborate, labour, frz. collaborer, labourer (pflügen), it. laborioso
Grammatik:	<u>ora</u> ist wie lab<u>ora</u> Imperativ Singular. Beachten Sie den Reim.

14

4. Amare et sápere vix deo concéditur.

Herkunft:	Publílius Syrus (1. Jh. v. Chr.), Senténtiae 22
Wörtlich:	Lieben und <zugleich> seinen Verstand gebrauchen wird kaum einem Gott zugestanden.
Bedeutung:	Die Liebe bringt den Menschen leicht um den Verstand. Allgemeiner kann man sagen: Ein Mensch, der von starken Gefühlen beherrscht wird, ist überfordert, wenn von ihm vernünftige Entscheidungen oder besonnenes Verhalten verlangt werden.
Beispiel:	Immer wieder infizieren sich auch in unserem Lande trotz zahlreicher Anti-Aids-Kampagnen Menschen mit dem Aids-Virus. Offenbar macht die Leidenschaft sie unfähig, ihren Verstand zu gebrauchen und sich angemessen zu schützen. Hier zeigt sich: Amare et sápere vix deo concéditur.
Vokabeln:	amare, amo, amavi, amatum: lieben, verliebt sein ▶ dt. Amateur, engl. amateur, amatory, frz. aimer, amour, it. amare, amante, amore, innamorato et: *Konjunktion* und, (*manchmal:*) auch sápere, sápio, sapivi, sapitum: verständig sein, klug sein ▶ dt. Homo sapiens, engl. savour, frz. savoir; sage, it. sapere, sapiente, sapienza vix: *Adverb* kaum deus, dei: *m* Gott ▶ dt. Deismus, Diva, engl. divine, frz. dieu, it. dio, divino concédere, concedo, concessi, concessum: erlauben, einräumen ▶ dt. konzedieren, Konzession, engl. concede, frz. concéder, concession, it. concedere

Grammatik:	*am<u>a</u>re et s<u>á</u>pere* ist das Subjekt zu *conc<u>é</u>ditur*. *conc<u>é</u>ditur*: 3. Person Singular Indikativ Präsens Passiv, Prädikat *vix*: Adverbiale zu *conc<u>é</u>ditur*, obwohl es gedanklich eher zu *deo* zu gehören scheint: selbst einem Gott wird das kaum zugestanden (geschweige denn einem Menschen).

5. Stultum facit fort<u>u</u>na, quem vult p<u>é</u>rdere.

Herkunft:	P<u>u</u>bl<u>í</u>lius Syrus (1. Jh. v. Chr.), Sent<u>é</u>ntiae 612
Wörtlich:	Töricht macht das Glück/die Glücksgöttin \<den\>, den es/sie zugrunde richten will. Zum Narren macht das Glück, wen es verderben will.
Bedeutung:	Oft tut ein Mensch, der ungewöhnlich viel erreicht hat, etwas, was den anderen als höchst töricht erscheint und was ihn zugrunde richtet. Als treibende Kraft hinter solcher Torheit vermuteten die antiken Menschen die Glücksgöttin, die den Menschen verderben wolle.
Beispiel:	Einer der reichsten Herrscher der Antike, Krösus, der König von Lydien, kam auf die Idee, den mächtigen Perserkönig Kyros anzugreifen. Nachdem er vom Orakel in Delphi die Antwort bekommen hatte, „Wenn Krösus den Grenzfluss überschreitet, wird er ein großes Reich zerstören", marschierte er los. Dass das große Reich sein eigenes war, merkte er wenig später: 547 vor Chr. wurde Lydiens Hauptstadt Sardes von Kyros erobert. Und so erfuhr er, dass es stimmt: Stultum facit fort<u>u</u>na, quem vult p<u>é</u>rdere.

Vokabeln:	stultus, stulta, stultum: töricht, dumm
	fácere, fácio, féci, factum: tun, machen ▸ dt. Fakt, Affäre, engl. fact, frz. faire, fait, faisable (machbar), it. fare
	fortúna, fortúnae: f Schicksal, Geschick, Schicksalsgöttin ▸ engl. fortune, frz. fortune, it. fortuna
	qui, quae, quod: *Relativpronomen* welcher, welche, welches; der, die, das; wer, was
	velle, volo, vólui, – : wollen ▸ dt. Volontär, engl. voluntary, volunteer, frz. vouloir, it. volere, volentieri
	pérdere, perdo, pérdidi, pérditum: verlieren, zugrunde richten ▸ dt. perdú, engl. perdition (ewige Verdammnis), frz. perdre, perdu, it. perdere
Grammatik:	*fortúna*: Subjekt zu *facit*

6. Múnera, crede mihi, cápiunt hominesque deosque.

Herkunft:	Ovíd (43 vor – 17 n. Chr.), Ars amatória III 653
Wörtlich:	Geschenke, glaube mir, erobern Menschen und Götter / sowohl Menschen als auch Götter.
Bedeutung:	Die Vorstellung, mit Geschenken oder Gefälligkeiten oder einem erwünschten Verhalten könne man Menschen und Götter für sich einnehmen, dürfte zeitlos sein.
Beispiel:	Vor Wahlen entdecken die regierenden Parteien oft Probleme, die sie vorher stets übersehen haben und zu deren Lösung sie die Staatsausgaben erhöhen müssen. Kritiker sagen dann oft, es handele sich doch nur um Wahlgeschenke nach dem Motto: Múnera, crede mihi, cápiunt hominesque deosque.

Vokabeln:	mu̲nus, múneris: *n* Amt, Aufgabe, Geschenk ▸ frz. munificence (Freigebigkeit), it. munificenza crédere, cre̲do̲, crédidi, créditum: anvertrauen; *(mit AcI)* glauben ▸ dt. Kredit, engl. credit, frz. credit, it. credere, credito mihi̲: *Dativ zu* ego, *Personalpronomen* mir ▸ dt. Egoismus, engl. egoism, frz. moi, egoïsme, it. io, mi, egoismo. cápere, cápio̲, ce̲pi̲, captum: fassen, nehmen ▸ dt. kapern, kapieren, engl. capture, catch, frz. chasser, it. capire (verstehen), cattivo (böse, von capti̲vus Gefangener) homo̲, hóminis *m* Mensch ▸ dt. Homo sapiens, frz. homme, it. uomo -que: *angehängte Konjunktion* und deus, dei̲: *m* Gott ▸ dt. Deismus, Diva, engl. divine, frz. dieu, it. dio, divino
Grammatik:	múnera: Nominativ Plural, Subjekt zu *cápiunt* cápiunt: 3. Person Plural Indikativ Präsens, Prädikat homine̲sque deo̲sque: Akkusativ Plural, Objekt zu *cápiunt* cre̲de: Imperativ Singular, Prädikat des eingeschobenen Hauptsatzes. Der Einschub *cre̲de mihi̲* lässt vermuten, dass der Sprecher annimmt, der Angesprochene zögere, diese Behauptung zu glauben. *credere* gehört zu den Verben mit Reduplikationsperfekt (Verdoppelung des Stammkonsonanten, hier *d*: *crédidi*). Um das Versmaß, den (aus 6 Daktylen bestehenden) Hexámeter, hörbar zu machen, kann man die fettgedruckten Vokale betonen: *Mu̲nera, cre̲de mihi̲, cápiu̲nt homine̲sque deo̲sque*.

7. Fortes fortuna ádiuvat.

Herkunft:	Terénz (um 195 – 159 v. Chr.), Phórmio 203
Wörtlich:	Den Tapferen hilft das Glück/die Glücksgöttin.
Bedeutung:	Wer feige oder träge ist, kann nicht erwarten, dass ihm große Dinge gelingen.
Beispiel:	„Wie kommt es, dass du deine Firma so schnell vergrößern konntest?" „Ich habe einen Auftrag übernommen, der weit über meine Kapazitäten ging und bei dem ich mir nicht sicher war, ob ich ihn rechtzeitig erfüllen könnte." „Und das ist dir offenbar gelungen und jetzt bist du ein wohlhabender Mann." „Ja, ich hatte Glück: Fortes fortuna ádiuvat."
Vokabeln:	fortis, fortis, forte: stark, tapfer, mutig ▶ dt. Pianoforte, engl. forte, fortify, frz. fort, it. forte, fortezza forte: *Adverb* zufällig ▶ it. fortuito fortuna, fortunae: f Schicksal, Geschick, Schicksalsgöttin ▶ engl. fortune, frz. fortune, it. fortuna, fortunato adiuvare, ádiuvo, adiuvi, adiutum: unterstützen, helfen ▶ dt. Adjutant, engl. aid, frz. aider, it. giovare
Grammatik:	*fortes*: Substantiviertes Adjektiv; hier Akkusativ Plural, Akkusativobjekt zu *ádiuvat*. *fortuna*: Nominativ Singular, Subjekt Weil *adiuvare* transitiv ist, steht das Objekt im Akkusativ, das deutsche Verb 'helfen' ist intransitiv, also steht im Deutschen das Objekt im Dativ.

EST AD
NIANES
CVLCT
REDEGE
Q ANN
NIAN
EST AD RO
MORTVM
NIANE
CVLCT
ES DEGN

ANTE

Über das Leben

8. Vīta brevis, ars longa.

Herkunft:	Nach Séneca (um 4 – 65), Dē brevitāte vītae I 1 (nach Hippókrates)
Wörtlich:	Das Leben <ist> kurz, die Kunst <ist> lang.
Bedeutung:	Um alles zu lernen, was bedeutend ist, ist das Leben zu kurz.
Beispiel:	Der berühmte, schon hochbetagte Cellist Pablo Casals, so wird erzählt, wurde einmal von einem Freund beim Üben angetroffen. Dieser fragte ganz verwundert: „Was machst du denn? Du übst? Das hast du doch nicht nötig!" Casals erwiderte: „Ich lerne, lieber Freund, ich lerne". Für ihn galt offensichtlich: Vīta brevis, ars longa.
Vokabeln:	vīta, vītae: f Leben ▸ dt. vital, engl. vital, vitality, frz. vie, it. vita brevis, brevis, breve: kurz ▸ dt. Brevier, engl. brief, frz. bref, it. breve, brevità ars, artis: f Kunst ▸ dt. Artist; Artefakt, artifiziell, engl. art; frz. art, it. arte longus, longa, longum: lang ▸ engl. long, frz. long, it. lungo
Grammatik:	Die Kópula *est* ist zu *brevis* bzw. *longa* hinzuzudenken. Beachten Sie die Kongruenz des Adjektivs *brevis* mit dem femininen Substantiv *vīta* und die von *longa* mit *ars*. Das Sprichwort ist von äußerster Kürze, zudem sind beide Teile parallel gebaut (Subjekt – Prädikatsnomen): Das erhöht seine Glaubwürdigkeit.

9. Donec eris felix, multos numerabis amicos.

Herkunft:	Nach Ovid (43 vor – 17 n. Chr.), Tristia I 9,5
Wörtlich:	Solange du glücklich sein wirst, wirst du viele Freunde zählen. Solange du glücklich bist, hast du viele Freunde.
Bedeutung:	Wer vom Glück begünstigt (schön, erfolgreich, anerkannt, reich) ist, wirkt anziehend auf seine Umgebung. Viele Menschen möchten auch so sein wie er und mit ihm verkehren dürfen. Vielleicht erhoffen sie sich auch, von seinem Glück etwas abzubekommen. Wenn aber ein Unglück über ihn hereinbricht (z. B. eine schwere Krankheit, finanzielle Verluste, Arbeitslosigkeit, Scheidung), dann ziehen sich viele erschreckt oder hilflos zurück.
Beispiel:	„Meine Firma hat zugemacht, ich stehe von heute auf morgen auf der Straße." „Das tut mir leid, aber dann hast du doch wenigstens mehr Zeit für deinen großen Freundeskreis." „Stimmt! Nur haben die meisten Freunde jetzt plötzlich keine Zeit mehr für mich. Du weißt doch: Donec eris felix, multos numerabis amicos."
Vokabeln:	donec: *Konjunktion* solange esse, sum, fui, (futurus): sein ▸ dt. Futur, engl. future, frz. être, futur, it. essere, futuro felix, felix, felix: (*Genitiv:* felicis) glücklich, erfolgreich ▸ engl. felicitous, frz. félicité, it. felice multus, multa, multum: viel ▸ dt. multiplizieren, multilateral, engl. multiple, multi-user, frz. multitude, multinational, it. molto, moltiplicare numerare, número, numeravi, numeratum: zählen

23

> ▸ dt. nummerieren, Nummer, numerisch, engl. number, frz. numéro, numéroter; numérique; it. numerare
> amicus, amici: *m* Freund ▸ dt. Amigo-Affäre, frz. ami, amitié, it. amico, amicizia

Grammatik:	*eris*: 2. Person Singular Futur von *esse*
	felix ist das Prädikatsnomen zu *eris*.
	eris felix: Prädikat des Nebensatzes
	Donec eris felix: Der Nebensatz ist das Adverbiale zum Hauptsatzprädikat *numerabis*. ('Wann wirst du viele Freunde haben?')
	numerabis: 2. Person Singular Futur zu *numerare*, Prädikat des Hauptsatzes
	Das Futur soll hier wohl weniger eine Handlung in der Zukunft ausdrücken als auf die zeitlose Gültigkeit hinweisen. Im Deutschen benutzt man dafür meistens das Präsens.
	Beachten Sie die Kongruenz des Adjektivs *multos* mit dem maskulinen Substantiv *amicos*.
	Der Ausspruch ist ein Hexámeter. Man kann das Versmaß (6 Füße) durch Betonung der fett gedruckten Vokale hörbar machen: *Donec eris felix, multos numerabis amicos.*

10. Benefícium accípere libertatem est véndere.

Herkunft:	Publílius Syrus (1. Jh. v. Chr.), Senténtiae 48
Wörtlich:	Eine Gefälligkeit anzunehmen bedeutet, seine Freiheit zu verkaufen.
Bedeutung:	Wenn mir jemand einen Gefallen tut, verliere ich ein Stück von meiner Freiheit, wenn ich mich ihm gegenüber zu Dank verpflichtet fühle.

Beispiel:	„So etwas Blödes! Jetzt muss ich auch noch den Otto zu meinem Geburtstag einladen, den kann ich doch gar nicht leiden!" „Warum willst du ihn denn einladen?" „Er hatte mich doch zu seiner Geburtstagsfeier eingeladen und ich bin auch hingegangen. Aber was hilft's: Benefícium accípere libertatem est véndere." „Ja, dann musst du ihn einladen – aber nur, wenn du den Spruch für richtig hältst."
Vokabeln:	benefícium, benefícii: *n* Wohltat, Gefälligkeit *(eine gute Tat, zu der man nicht verpflichtet ist und die auch nicht aus rein egoistischen Gründen erfolgt)* ▶ dt. Benefizkonzert, engl. benefit, beneficence, benefice (Pfründe), frz. bénéfice (Vorteil, Nutzen, Profit), it. beneficio, benefico, beneficare accípere, accípio, accepi, acceptum: annehmen, empfangen ▶ dt. akzeptieren, akzeptabel, engl. accept, acceptance, frz. accepter, acception (Sinn, Bedeutung eines Wortes), it. accettare libertas, libertatis *f* Freiheit ▶ dt. liberal, Liberalismus, liberalisieren, engl. liberty, frz. liberté, it. libertà esse, sum, fui, (futurus): sein ▶ dt. Futur, engl. future, frz. être, futur, it. essere, futuro véndere, vendo, véndidi, vénditum: verkaufen ▶ engl. vend, frz. vendre, it. vendere, vendita
Grammatik:	*benefícium* ist das Akkusativobjekt zu *accípere. benefícium accípere* ('Die Annahme einer Gefälligkeit') ist das Subjekt des Satzes. *libertatem véndere* füllt die Stelle des Prädikatsnomens zu der Kópula *est* (Satzstruktur wie: 'Geschenkannahme ist eine Bedrohung der Freiheit'). *libertatem est véndere* ist das Prädikat. Beachten Sie die Parallelität (beide Male Objekt vor Infinitiv): *benefícium accípere – libertatem véndere.*

11. Ingratus unus ómnibus míseris nocet.

Herkunft:	Publílius Syrus (1. Jh. v. Chr.), Senténtiae 243
Wörtlich:	Ein einziger Undankbarer schadet allen Armen.
Bedeutung:	Weil der Mensch zur Klassifizierung neigt und dabei oft das einzelne Individuum nicht wahrnimmt, bringt der eine Undankbare allgemein die Armen in Verruf. Wer also einem Armen etwas gibt, ohne dafür Dank zu erhalten, wird wahrscheinlich in Zukunft keinem mehr etwas geben. Auch Menschen, die eine ihnen gebotene Chance nicht wahrnehmen, bringen die ganze Gruppe in Misskredit, als deren Vertreter sie angesehen werden.
Beispiel:	Ein Langzeitarbeitsloser, der sich weigert, an einer Umschulung oder an einer Fördermaßnahme teilzunehmen, schadet allen Langzeitarbeitslosen dadurch, dass er dem Vorurteil Nahrung gibt, diese seien an ihrer Lage selbst schuld, weil sie die ihnen gebotenen Chancen nicht wahrnehmen. Und so bestätigt er den Spruch: Ingratus unus ómnibus míseris nocet.
Vokabeln:	ingratus, ingrata, ingratum: undankbar, unangenehm ▸ engl. ingrate, frz. ingrat, it. ingrato unus, una, unum: (*Genitiv.* uníus, *Dativ* uni) einer, eine, ein ▸ dt. Unikum, engl. unique, frz. un, une, it. uno omnis, omnis, omne: all, jeder, ganz ▸ dt. Omnibus, Omnipotenzphantasien, engl. omniscient, frz. omnipotence, omniprésence, it. onnipresente miser, mísera, míserum: arm, elend, unglücklich ▸ dt. mies, Misere, engl. miserable, misery, miser (Geizhals), frz. misère, miséreux, it. misero, miseria nocere, nóceo, nócui, (nociturus): schaden ▸ frz. nuir, it. nuocere

Grammatik:	*ingratus*: substantiviertes Adjektiv
	unus: adjektivisches Attribut zu *ingratus*
	ingratus unus: Subjekt zu *nocet*
	miseris: substantiviertes Adjektiv im Dativ Plural
	ómnibus: adjektivisches Attribut zu *miseris*
	ómnibus miseris: Dativobjekt zu *nocet*
	nocet: 3. Person Singular Indikativ Präsens, Prädikat
	Beachten Sie die Kongruenz des Adjektivs *unus* mit dem Substantiv *ingratus*, und die von *ómnibus* mit *miseris*.

12. Qui invitus servit, fit miser, servit tamen.

Herkunft:	Publílius Syrus (1. Jh. v. Chr.), Senténtiae 364
Wörtlich:	Wer unwillig dient, wird unglücklich, trotzdem <aber> dient er.
Bedeutung:	Wer sich gegen eine Zwangslage wehrt, der er nicht entgehen kann, wird unter diesem Zwang leiden. Dass er sich wehrt, befreit ihn aber nicht aus der Zwangslage. Sich über unabänderliche Schwierigkeiten zu beklagen und sich dagegen zu sträuben, hilft dem Menschen nicht, macht ihn aber unglücklich.
Beispiel:	„Wir hätten nicht auf dem Lande bauen sollen! Heute Nachmittag muss ich schon wieder meine Kinder mit dem Wagen in die Musikschule bringen und morgen Abend muss ich sie aus der Tanzstunde abholen!"
	„Ja, da kein Bus fährt, bist du das den Kindern wohl schuldig. Aber ihr wärt vielleicht glücklicher miteinander, wenn du es einfach tust, ohne dich zu ärgern."
	„Ja, wahrscheinlich hast du Recht: Qui invitus servit, fit miser, servit tamen."

Vokabeln:	*qui, quae, quod: Relativpronomen* welcher, welche, welches; der, die, das; wer, was
	invitus, invita, invitum: unwillig, nicht wollend
	servire, sérvio, servivi, servitum: dienen ▶ dt. servieren, engl. serve, frz. servir (servieren, bedienen), it. servire
	fíeri, fio, factus sum: werden, geschehen; *(wird auch als Passiv zu* fácere *verwendet:)* gemacht werden
	miser, mísera, míserum: arm, elend, unglücklich ▶ dt. mies, Misere, miserabel, engl. miserable, misery, miser (Geizkragen), frz. misère, misérable, miséreux, it. misero, miseria
	tamen: Adverb dennoch, trotzdem
Grammatik:	*qui:* Relativpronomen, Nominativ Singular Maskulinum, Subjekt zum Prädikat *servit* (3. Person Singular Indikativ Präsens)
	invitus gibt den Zustand an, in dem sich der Gemeinte befindet, während er dient (es geht nicht um die Art des Dienens, dann würde *invite* = auf unwillige Weise stehen): das Adjektiv ist also als Prädikativum zu verstehen.
	fit: 3. Person Singular Indikativ Präsens
	miser: Prädikatsnomen zu *fit*
	fit miser: Prädikat des 1. Hauptsatzes
	Der Relativsatz *Qui invitus servit* ist das Subjekt zu den beiden Hauptsätzen *fit miser* und *servit tamen.* Beachten Sie die Kongruenz von *invitus* und von *miser* mit *qui.*

13. De mórtuis nil nisi bene!

Herkunft:	Aus dem Griechischen: Nach Chilon (6. Jh. v. Chr.) bei Diógenes Laértios (3. Jh. n. Chr.), Synagoges I 70
Wörtlich:	Über Tote <soll man> nichts <sagen>, wenn nicht in guter Weise.
Bedeutung:	Die Toten soll man ruhen lassen. Böse Nachrede wäre unfair, sie können sich ja nicht wehren. Berechtigte Vorwürfe oder Tadel sind sinnlos, sie kommen zu spät, Geschehenes kann nicht ungeschehen gemacht werden.
Beispiel:	„Ich weine meinem alten Deutschlehrer keine Träne nach, der Kerl hat mich immer nur schikaniert." „Jetzt ist er tot. Da musst du ihn nicht beschimpfen; du weißt doch: De mórtuis nil nisi bene!" „Na, gut. Aber der Spruch gilt ja wohl nicht, wenn das bedeuten würde, politische Fehlentscheidungen oder Verbrechen zu ignorieren, sobald die Täter nicht mehr am Leben sind?"
Vokabeln:	de: (Präposition mit Ablativ) von...weg; von...herab; betreffs, über mórtuus, mórtua, mórtuum: tot ▶ dt. Mortalität, engl. mortal, frz, mort, mortalité, it. mortuo, morte nil (= nihil): Indefinitpronomen nichts ▶ dt. Nihilismus, engl. nil, nihilisme, frz. nihilisme, nihiliste, it. niente nisi: Konjunktion wenn nicht; außer wenn bene: Adverb zu bonus, bona, bonum gut ▶ dt. Benefiz, engl. beneficent, frz. bien, it. bene
Grammatik:	mórtuis: Ablativ Plural des substantivierten Adjektivs mórtuus de mórtuis: Adverbiale zu dem fehlenden Verb bene: Adverbiale zu dem fehlenden Verb

14. Errare humanum est.

Herkunft:	Nach Hierónymus (um 348 – 420), Epístulae 57,12
Wörtlich:	Irren ist menschlich.
Bedeutung:	Jeder Mensch kann sich irren. Das gehört zur Natur des Menschen. Mit dieser Redensart werden oft auch falsche Entscheidungen oder Handlungen entschuldigt, die man bei mehr Achtsamkeit oder Gewissenhaftigkeit hätte vermeiden können.
Beispiel:	Es kommt häufiger vor, dass wegen Fehlentscheidungen der Geschäftsführung eine Firma pleitemacht oder die Aktien ins Bodenlose fallen und viele Arbeitsplätze verloren gehen. Und was passiert mit den Managern? Sagen die dann einfach: „Errare humanum est"?
Vokabeln:	errare, erro, erravi, erratum: irren ▶ engl. err, error, frz. errer, erreur, it. errare, errore humanus, humana, humanum: menschlich ▶ dt. human, engl. human, frz. humaine, it. umano esse, sum, fui, (futurus): sein ▶ dt. Futur, engl. future, frz. être, futur, it. essere, futuro
Grammatik:	Der Infinitiv errare ist das Subjekt zum Prädikat est humanum. Beachten Sie die Kongruenz des Adjektivs humanum mit dem neutralen Infinitiv errare.

15. Legem brevem esse oportet, quo facílius ab imperitis teneatur.

Herkunft:	Posidónius (135 – 50 v. Chr.) bei Séneca (um 4 – 65), Epístulae morales 94,38
Wörtlich:	Ein Gesetz muss kurz sein, damit es von unerfahrenen Menschen leichter eingehalten werden kann / damit sich Unerfahrene leichter daran halten können.
Bedeutung:	Eine Anweisung, die man nicht versteht, weil sie umständlich formuliert ist, kann man nicht befolgen. Daher muss ein Gesetz so kurz und klar formuliert sein, dass es jeder verstehen kann, ohne einen Juristen zu befragen. Umfassende Regeln in größter Kürze sind die Zehn Gebote der Bibel.
Beispiel:	In manchen Rathäusern gibt es jetzt Beamte, die für mehr Kürze und Klarheit von Verwaltungsvorschriften sorgen sollen, weil man erkannt hat: Legem brevem esse oportet, quo facílius ab imperitis teneatur.
Vokabeln:	lex, legis: *f* Gesetz ▸ dt. legal, legalisieren, engl. legal, legalize, frz. loi, it. legge
	brevis, brevis, breve: kurz ▸ dt. Brevier, engl. brief, frz. bref, it. breve, brevità
	esse, sum, fui, (futurus): sein ▸ dt. Futur, engl. future, frz. être, futur, it. essere, futuro
	oportere, oportet, opórtuit: es ist nötig/zweckdienlich
	quo facílius: *mit Konjunktiv* damit um so leichter
	ab: *Präposition mit Ablativ* von
	imperitus, imperita, imperitum: unerfahren, unkundig ▸ it. imperito
	tenere, téneo, ténui, tentum: halten ▸ dt. Tenór, Ténor, engl. tenable, tenant (Mieter), tenure, frz. tenir, ténacité, it. tenere, tenore, tenente (Oberleutnant)

Grammatik:	*Legem brevem esse*: AcI (Akkusativ mit Infinitiv). Der Akkusativ *legem* enthält das Subjekt des AcI, *brevem esse* die Aussage, wobei *brevem* das Prädikatsnomen und *esse* die Kópula ist.
	Der AcI als Ganzes ist das Subjekt zu dem Prädikat *oportet*: 'Dass ein Gesetz kurz ist, ist nötig.'
	quo facílius ab imperítis tenegtur: Finalsatz im Konjunktiv Präsens, der angibt, zu welchem Zweck ein Gesetz kurz und knapp formuliert sein soll.
	tenegtur: 3. Person Singular Konjunktiv Präsens Passiv, Prädikat des Nebensatzes. Als Subjekt dazu hat man sich *lex* zu denken.
	facílius: Adverb im Komparativ, Adverbiale zu *tenegtur*.
	imperítis: Substantiviertes Adjektiv, Ablativ Plural
	ab imperítis: Der Ablativ gibt an, von wem das Einhalten des Gesetzes erfolgen soll (*ablgtivus auctoris*: Ablativ des Urhebers).
	Beachten Sie die Kongruenz des Adjektivs *brevem* mit dem Substantiv *legem*.

16. Naturam expelles furca, tamen usque recurret.

Herkunft:	Horáz (65 – 8 v. Chr.), Epístulae I 10,24
Wörtlich:	Du wirst die Natur mit der Mistgabel austreiben, sie wird dennoch ständig wiederkommen.
Bedeutung:	Die angeborene Art, die Anlage, kommt immer wieder durch, auch wenn versucht wird, sie mit Gewalt auszutreiben. Man kann sich nicht generell umpolen, sondern nur mühsam sein äußeres Verhalten ein wenig steuern.

Beispiel:	Die Pharmaindustrie forscht nach Mitteln, mit denen man einen Menschen mit starkem Bewegungsdrang, der weit über dem Durchschnitt liegt, von seiner Unruhe heilen kann. Wenn der Patient das Medikament nicht mehr einnimmt, wird sich wahrscheinlich herausstellen: Na̱turam expelle̱s furca̱, tamen u̱sque recurret.
Vokabeln:	na̱tura, natu̱rae: *f* natürliche Beschaffenheit, Natur, naturalisieren ▶ dt. Naturell, Naturalien, engl. nature, natural, frz. nature, naturel, it. natura expe̱llere, expello̱, e̱xpuli̱, expulsum: hinaustreiben, vertreiben ▶ engl. expel, frz. expulser (ausweisen), it. espellere fu̱rca, fu̱rcae: *f* Mistgabel ▶ dt. Forke, engl. fork, frz. fourche, it. forca tamen: *Adverb* dennoch, trotzdem u̱sque: *Adverb* in einem fort, ununterbrochen recu̱rrere, recurro̱, recurri̱, recursum: zurücklaufen, wiederkehren ▶ dt. rekurrieren, engl. recur, recurrent, frz. récurrent, it. ricorrere
Grammatik:	*expelle̱s*: 2. Person Singular Futur, Prädikat des ersten Hauptsatzes, sein Subjekt (du) steckt in der Personalendung (-s). *na̱turam*: Akkusativobjekt zu *expelle̱s* *furca̱*: (Ablativ Singular) Adverbiale zu *expelle̱s*, es bekommt dadurch eine stärkere Betonung, dass es hinter dem Prädikat steht. *u̱sque*: Adverbiale zu *recurret* *recurret*: 3. Person Singular Futur, Prädikat des zweiten Hauptsatzes. Sein Subjekt steckt in der Personalendung (-t), gemeint ist *na̱tura*.

Das Adverb *tamen* zeigt, dass der erste Hauptsatz einen konzessiven Sinn hat: 'Obwohl du die Mistgabel nimmst als Mittel, die natürliche Neigung oder Veranlagung auszutreiben'.

Das in beiden Sätzen verwendete Futur verweist auf die Zeitlosigkeit des Versuchs und das immer gleiche Ergebnis.

usque ist das Adverbiale zu *recurret*.

Der Ausspruch ist ein Hexameter. Man kann das Versmaß (6 Füße) durch Betonung der fett gedruckten Vokale hörbar machen. Allerdings muss man die dritte Silbe mit der vierten verschleifen (*Naturaexpelles*): N**a**t**u**ram **e**xp**e**ll**e**s f**u**rc**a**, t**a**men **u**sque rec**u**rret.

17. Médicus curat, natura sanat.

Herkunft:	Bildungssprachlich
Wörtlich:	Der Arzt pflegt, die Natur heilt.
Bedeutung:	Die Heilung kommt von der Natur, der Arzt kann sie durch seine Kunst nur unterstützen. Der Kranke wird gesund durch die natürliche Energie, die in ihm steckt.
Beispiel:	„Der Patient hatte eine so schwere Grippe, dass wir bei seinem Alter trotz der Antibiotika schwere Bedenken hatten. Aber natürlich haben wir versucht, ihm Mut zu machen, um auch die Selbstheilungskräfte zu wecken und – o Wunder! – jetzt ist er wieder so kräftig, dass er schon kleine Spaziergänge macht." „Ja, wie sagt der Lateiner? Médicus curat, natura sanat."

Vokabeln:	médicus, médici: *m* Arzt ▶ dt. Medikament, engl. medical, frz. médecin, it. medico, medicina
	curare, curo, curavi, curatum: sorgen, sich kümmern um, pflegen ▶ dt. kurieren, akkurat, engl. cure, frz. curer, it. curare
	natura, naturae: *f* natürliche Beschaffenheit, Natur ▶ dt. Naturell, Naturalien, engl. nature, frz. nature, it. natura
	sanare, sano, sanavi, sanatum: heilen ▶ dt. sanieren, Sanatorium, engl. sanatorium, frz. sana(torium), it. sanare
Grammatik:	*médicus*: Nominativ Singular, Subjekt
	curat: 3. Person Singular, Indikativ Präsens, Prädikat des ersten Hauptsatzes
	natura: Nominativ Singular, Subjekt des zweiten Hauptsatzes
	sanat: 3. Person Singular, Indikativ Präsens, Prädikat des zweiten Hauptsatzes
	Die beiden Hauptsätze sind parallel gebaut: Beide Male steht das Subjekt vor dem Prädikat. Dadurch erhöhen sich Einprägsamkeit und Überzeugungskraft des Spruches.

18. Partúriunt montes, nascetur ridículus mus.

Herkunft:	Horáz (65 – 8 v. Chr.), De arte poética 139
Wörtlich:	Die Berge kreißen, geboren werden wird eine lächerliche Maus. Die Berge kreißen und es wird eine winzige Maus zur Welt kommen.
Bedeutung:	Wenn die Berge gebären wollen, sollte man etwas besonders Großes erwarten dürfen. Wer Gewaltiges ankündigt, was er offensichtlich nicht leisten kann, macht sich leicht lächerlich.

Beispiel:	Als der Donau-Main-Kanal gebaut werden sollte, wurde versprochen, auf ihm würden riesige Gütermengen transportiert werden – zum Schutz der Umwelt und zur Entlastung des Straßenverkehrs. Viele haben damals protestiert, andere fanden die Ankündigung maßlos übertrieben und zitierten: Partúriunt montes, nascetur ridículus mus.
Vokabeln:	parturire, partúrio: kreißen, gebären wollen ▶ engl. parturition (Entbindung), frz. parturiente, it. partorire
	mons, montis: *m* Berg ▶ dt. Montanunion, engl. mountain, frz. mont, it. monte
	nasci, nascor, natus sum: geboren werden ▶ frz. naître, it. nascere
	ridículus, ridícula, ridículum: lächerlich ▶ engl. ridiculous, frz. ridicule, it. ridicolo
	mus, muris: *m* Maus ▶ it. muridi (Mäuse)
Grammatik:	*Partúriunt*: 3. Person Plural Indikativ Präsens, Prädikat des ersten Hauptsatzes, das Subjekt dazu ist *montes* (Nominativ Plural).
	nascetur: 3. Person Singular Futur, Prädikat des zweiten Hauptsatzes, *ridículus mus* (Nominativ Singular) ist das Subjekt dazu.
	An den verwendeten Témpora sieht man: *Partúriunt montes, nascetur ridículus mus* wird gesprochen, während das Gebären unmittelbar bevorsteht, aber schon zu erahnen ist, dass da nichts Bedeutendes herauskommen wird.
	In beiden Sätzen steht das Prädikat vorn, um die Aufmerksamkeit auf die Vorgänge zu lenken, die ja völlig natürlich sind. Dann erst werden die ungewöhnlichen Subjekte (*montes* bzw. *ridículus mus*) genannt. Beachten Sie die Kongruenz des Adjektivs *ridículus* mit dem maskulinen Substantiv *mus*.

Der Ausspruch ist ein Hexámeter. Man kann das Versmaß (6 Füße) durch Betonung der fett gedruckten Vokale hörbar machen: *Partúriunt montes, nascetur ridículus mus.*

19. Spectatum véniunt, véniunt spectentur ut ipsae.

Herkunft:	Ovíd (43 vor – 17 n. Chr.), Ars amandi I 99
Wörtlich:	Sie kommen, um zu sehen, sie kommen, um selbst gesehen zu werden.
Bedeutung:	Manche Menschen benutzen ein so genanntes gesellschaftliches Ereignis dazu, sich sehen zu lassen, obwohl sie an der Sache selbst kein Interesse haben; denn wer längere Zeit nicht gesehen wird, verschwindet aus dem Bewusstsein der Zeitgenossen.
Beispiel:	Die Teilnahme am Wiener Opernball ermöglicht es, sich in seiner neuesten Garderobe zu zeigen und in der Regenbogenpresse abgebildet zu werden. Auch ein Theaterbesuch bietet dazu eine gute Gelegenheit; also geht man hin, getreu dem Motto: Spectatum véniunt, véniunt spectentur ut ipsae.
Vokabeln:	spectare, specto, spectavi, spectatum: schauen ▸ dt. Spektakel, spektakulär, engl. spectate, spectator, frz. spectateur, it. spettatore, spettacolo venire, vénio, veni, ventum: kommen ▸ frz. venir, it. venire ut: *finale Konjunktion mit Konjunktiv* dass, damit ipse, ipsa, ipsum: selbst

Grammatik:	*spectatum* ist ein Supinum (ein im Akkusativ stehendes Substantiv, das ein Ziel angibt, hier: zum Schauen; sie kommen, weil sie wollen schauen).
	véniunt: 3. Person Plural Indikativ Präsens, Prädikat; das Subjekt (sie) wird angedeutet durch die Personalendung (*-nt*).
	spectentur: 3. Person Plural Konjunktiv Präsens Passiv, Prädikat des Nebensatzes
	Bei dem zweiten Hauptsatz – *véniunt* – steht die Absicht hinter dem Prädikat, ausgedrückt durch den Finalsatz *ut ipsae spectentur* (Sie wollen auch selbst gesehen werden). Dass das den Nebensatz einleitende *ut* nicht gleich am Anfang steht, soll wohl die Spannung erhöhen.
	ipsae ist Nominativ Plural Femininum: Erst das letzte Wort des Spruchs lässt erkennen, dass die, die da kommen, Frauen sind (Wären Männer oder Männer und Frauen gemeint, stände die maskuline Form *ipsi*). Der Ausspruch ist ein Hexameter. Man kann das Versmaß (6 Füße) durch Betonung der fett gedruckten Vokale hörbar machen: *Spectatum véniunt, véniunt spectentur ut ipsae*.

20. Si tacuisses, philósophus mansisses.

Herkunft:	Bildungssprachlich
Wörtlich:	Wenn du geschwiegen hättest, wärest du ein Philosoph geblieben. Hättest du geschwiegen, könntest du weiterhin als weise gelten.
Bedeutung:	Wer mehr oder anders scheinen will, als er ist, muss sehr aufpassen, dass er nicht durch unbedachtes Reden den schönen Schein selbst zerstört.

Beispiel:	„O, der Teppich ist aber schön! Ist das wirklich ein echter Perser?" fragte die Dame den Verkäufer. „Echt ist er schon, aber er ist in Afghanistan geknüpft." Was wird der Verkäufer bei so viel vorgetäuschtem Sachverstand denken? „Si tacuisses, philósophus mansisses"? Vokabel:
Vokabel:	si: Konjunktion wenn, falls tacere, táceo, tácui, (taciturus) schweigen, verschweigen ▶ frz. se taire, it. tacere philósophus, philósophi: m Philosoph, Freund der Weisheit, gebildeter Mensch ▶ dt. philosophieren, engl. philosopher, frz. philosophe, it. filosofo manere, máneo, mansi, mansurus: bleiben, ▶ dt. permanent, immanent, engl. permanent, frz. permanent, it. rimanere
Grammatik:	si tacuisses: Bedingungssatz, der eine als unerfüllbar gedachte Bedingung ausdrückt (irrealer Kondizionalsatz) tacuisses: 2. Person Singular Konjunktiv Plusquamperfekt, Prädikat des Nebensatzes. Der lateinische Konjunktiv Plusquamperfekt drückt hier wie der deutsche die Irrealität aus. mansisses: 2. Person Singular Konjunktiv Plusquamperfekt zum Ausdruck der Irrealität, Prädikat des Hauptsatzes philósophus ist die vom Sinn her notwendige Ergänzung zu mansisses, man kann philósophus daher auch als Prädikatsnomen bezeichnen. Das Subjekt (du) von Haupt- und Nebensatz steckt in der Personalendung (-s).

21. Absentem laedit, cum ébrio qui litigat.

Herkunft:	Publílius Syrus (1. Jh. v. Chr.), Senténtiae 12
Wörtlich:	Einen Abwesenden verletzt, wer mit einem Betrunkenen streitet.
Bedeutung:	Wohl niemand wird sich ernsthaft mit einem Abwesenden streiten wollen. Der Witz in diesem Spruch liegt darin, dass der Betrunkene als abwesend bezeichnet wird. Als abwesend kann auch der erscheinen, der von starken Gefühlen wie Sorgen oder Ängsten erfüllt ist. Auch Überzeugungen können so stark sein, dass alles, was der eigenen Überzeugung widerspricht, gar nicht wahrgenommen wird.
Beispiel:	Immer wieder kommt es vor, dass Schüler bei Meinungsverschiedenheiten, statt miteinander zu reden, voller Wut aufeinander losgehen, weil sie für Worte überhaupt nicht mehr erreichbar sind, also gar nicht mehr streiten können: Absentem laedit, cum ébrio qui litigat. Hier sollen als Streitschlichter ausgebildete Schüler mäßigend eingreifen.
Vokabeln:	absens, absentis: abwesend ▶ engl. absent, frz. absent, it. assente
	láedere, laedo, laesi, laesum: verletzen ▶ dt. Läsur, Kollision, engl. collide, frz. collision, it. ledere
	cum: *Präposition mit Ablativ* mit
	ébrius, ébria, ébrium: betrunken ▶ frz. ébrieté, it. ebrietà
	qui, quae, quod: *Relativpronomen* welcher, welche, welches; der, die, das; wer, was
	litigare, lítigo, litigavi, litigatum: streiten ▶ engl. litigate (prozessieren), it. litigare

Grammatik:	*absentem*: Akkusativ Singular des substantivierten Adjektivs *absens*, Akkusativobjekt zu *laedit*
	laedit: 3. Person Singular Indikativ Präsens, Prädikat des Hauptsatzes
	Das Subjekt zu *laedit* ist der Relativsatz *qui cum ébrio litigat*.
	ébrio: substantiviertes maskulines Adjektiv im Ablativ
	cum ébrio: Adverbiale (*ablatívus sociatívus*) zu *litigat*, dem Prädikat des Nebensatzes
	Dass das den Relativsatz einleitende Relativpronomen (hier: *qui*) nicht am Anfang des Satzes steht, ist nicht ungewöhnlich.

22. Bárbarus hic ego sum, quia non intéllegor ulli.

Herkunft:	Ovíd (43 vor – 17 n. Chr.), Trístia V 7,30
Wörtlich:	Der Barbar bin hier ich / Ein Barbar bin ich hier, weil ich von niemandem verstanden werde.
Bedeutung:	Wo niemand meine Sprache versteht, erscheine ich allen als ein unkultivierter Fremder oder als einer, den man nicht ernst zu nehmen braucht.
Beispiel:	„Keiner versteht mich, wenn ich sage, wie ich mir die Zukunft vorstelle und wie die Menschen zu einem friedlichen Miteinander kommen können, statt durch unverantwortliches Handeln die Erde zu zerstören. Ich komme mir schon vor wie Ovíd, als er aus der Verbannung schrieb: Bárbarus hic ego sum, quia non intéllegor ulli."

Vokabeln:	bárbarus, bárbari̱: *m* Ausländer, Fremder, Barbar (aus dem griechischen bálbalos: der, der immer nur unverständliche Laute lallt) ▶ engl. barbarian, frz. barbare, it. barbaro
	hi̱c: *Adverb* hier
	ego̱: *Personalpronomen* ich ▶ dt. Egoismus, engl. egoisme, frz. egoisme, it. io, egoismo
	esse, sum, fui̱, (futu̱rus): sein ▶ dt. Futur, engl. future, frz. être, futur, it. essere, futuro
	quia: *Konjunktion* weil
	no̱n: *Adverb* nicht
	intellégere, intéllego̱, intelle̱xi̱, intelle̱ctum: einsehen, verstehen ▶ dt. intelligent, Intellekt, engl. intelligent, frz. intelligent, intellect, intellectuel, it. intelletto
	u̱llus, u̱lla, u̱llum: *Indefinitpronomen* irgendeiner, irgendeine, irgendein, irgend jemand
Grammatik:	*bárbarus sum*: Prädikat des Hauptsatzes
	bárbarus ist das Prädikatsnomen zur Kópula *sum*, durch die ungewöhnliche Stellung am Satzanfang wird es betont.
	Das Subjekt des Satzes ist *ego*. Da Personalpronomina als Subjekt nur genannt werden, wenn sie betont werden sollen, soll wohl angezeigt werden, dass es den Dichter besonders bedrückt, dass ihm, einem berühmten römischen Dichter, dies begegnet.
	hi̱c: Adverbiale zu *bárbarus sum*
	Der Kausalsatz *quia no̱n intéllegor u̱lli* gibt die Begründung dafür, dass der Sprecher sich als Barbar angesehen fühlt.
	intéllegor: 1. Person Singular Indikativ Präsens Passiv, Prädikat des Nebensatzes
	u̱lli: Der Dativ gibt an, für wen das redende Ich unverständlich ist, von wem es nicht verstanden wird (dati̱vus aucto̱ris).

Der Ausspruch ist ein Hexámeter. Man kann das Versmaß (6 Füße) durch Betonung der fett gedruckten Vokale hörbar machen: *Bárbarus hic ego sum, quia non intéllegor ulli.*

23. nolens volens
(Deutsch meist ausgesprochen: voläns)

Herkunft:	Nach Séneca (um 4 – 65), Epístulae morales 107, 11
Wörtlich:	nicht wollend <und zugleich> wollend; unwillig und <gleichzeitig doch> willig
Bedeutung:	Manchmal muss man etwas tun, was man eigentlich nicht will, wogegen man sich aber auch nicht ernsthaft wehren will. Also tut man es 'wohl oder übel', wie die deutsche Redewendung sagt.
Beispiel:	Wenn man eine Reise in ein fernes Land machen will, muss ein Visum beantragen. Viele Menschen finden das sehr lästig, aber sie tun es nolens volens (oder grammatisch korrekt in der Pluralform: nolentes volentes).
Vokabeln:	nolle, nolo, nolui, – : nicht wollen. velle, volo, vólui, – : wollen ▶ dt. Volontär, engl. voluntary, volunteer, frz. vouloir, it. volere, volentieri
Grammatik:	*nolens* ist Nominativ Singular des Partizips Präsens von *nolle*, *volens* von *velle*

24. Non sum, qualis eram.

Herkunft:	Horáz (65 – 8 v. Chr.), Cármina IV 1,3
Wörtlich:	Ich bin nicht, wie ich war. Ich bin nicht <mehr so>, wie ich war.

Bedeutung:	Der Dichter Horáz klagt darüber, dass er gealtert ist und seine körperliche Kraft abgenommen hat. So klagt mancher Mensch über den naturgegebenen Verfall seiner körperlichen oder geistigen Kräfte. Aber auch der Verlust der gesellschaftlichen Stellung ist für manchen Menschen schwer zu ertragen.
Beispiel:	„Gibst du noch Konzerte?" „Nein." „Aber du spielst doch noch auf deiner Geige?" „Es geht nicht mehr; mein Gehör hat so gelitten, dass ich nicht mehr kontrollieren kann, ob ich sauber spiele, und das ist für mich unerträglich: Non sum, qualis eram."
Vokabeln:	non: Adverb nicht esse, sum, fui, (futurus): sein ▶ dt. Futur, engl. future, frz. être, futur, it. essere, futuro qualis, qualis, quale: wie beschaffen ▶ dt. Qualität, Qualifikation, engl. quality, frz. qualité, it. quale
Grammatik:	Der Hauptsatz ist Non sum, sein Subjekt (ich) steckt in der Personalendung (-m). Der Nebensatz qualis eram füllt die Stelle des Prädikatsnomens zu sum. (Satzstruktur: 'Ich bin gealtert').

25. Epístula non erubescit.

Herkunft:	Cícero (106 – 43 v. Chr.), Ad familiares V 12,1
Wörtlich:	Ein Brief wird nicht rot.
Bedeutung:	Wenn man starke Übertreibungen oder Lügen oder auch unverschämte Schmeicheleien ausspricht, kann man sich nicht immer sicher sein, ob man sich nicht rot wird oder sich der Stimmklang verändert, bei einem geschriebenen Text ist das anders.

Beispiel:	Wenn eine Zeitung öfter zu Widerruf und Gegendarstellung verurteilt wird, könnte man sich fragen, ob die Schreiber nicht ständig schamrot werden; denn für das Papier gilt ja: Epístula non erubescit.
Vokabeln:	epístula, epístulae: *f* Brief ▶ dt. Epistel, engl. epistle, epistolary, frz. épistolaire Brief-, it. epistola non: *Adverb* nicht erubéscere, erubesco, erúbui, – : erröten, rot werden
Grammatik:	*epístula*: Nominativ Singular, Subjekt *erubescit*: 3. Person Singular Indikativ Präsens

26. Malefácere qui vult, numquam non causam ínvenit.

Herkunft:	Publílius Syrus (1. Jh. v. Chr.), Senténtiae 336
Wörtlich:	Wer Böses tun / Schaden zufügen will, findet immer einen Anlass.
Bedeutung:	Vor jemandem, der anderen unbedingt Schaden zufügen will, kann man sich nicht dadurch schützen, dass man versucht, ihm keinen Anlass zu bieten: er wird immer eine Gelegenheit finden, zu schaden oder sich auf Kosten anderer einen Vorteil zu verschaffen.
Beispiel:	„Mein Vermieter will mich unbedingt loswerden." „Wie kommst du darauf?" „Erst hat er gesagt, meine Kinder seien zu laut. Dann, ich machte den Hausdienst nicht ordentlich; dann, meine Kinder hätten Flöhe; dann, wir vergraulten die anderen Mieter." „Ich fürchte, hier passt der alte Spruch: Malefácere qui vult, numquam non causam ínvenit."

Vokabeln:	malefácere, malefácio, maleféci, malefactum:
	schlecht handeln, Böses tun ▸ dt. Malefizbube,
	engl. malefactor, frz. malfaiteur, malfaisant,
	it. malfatto
	qui, quae, quod: *Relativpronomen* welcher, welche,
	welches; der, die, das; wer, was
	velle, volo, vólui, - : wollen ▸ dt. Volontär, engl. volun-
	tary, volunteer, frz. vouloir, it. volere, volentieri
	numquam: *Adverb* niemals
	causa, causae: f Grund, Ursache; Rechtssache;
	Prozess ▸ dt. kausal, engl. cause, causal,
	frz. cause, chose, it. causa
	non: *Adverb* nicht
	invenire, invénio, invéni, inventum: finden
	▸ dt. Invention, engl. invent, frz. inventer,
	it. inventare (erfinden, sich ausdenken)
Grammatik:	*qui*: Nominativ Singular Maskulinum, Subjekt des
	Nebensatzes
	vult: 3. Person Singular Indikativ Präsens von *velle*
	malefácere vult: Prädikat des Nebensatzes
	causam: Akkusativ Singular, Objekt zu *ínvenit*
	ínvenit: 3. Person Singular Indikativ Präsens, Prädikat
	des Hauptsatzes, das Subjekt dazu ist der Relativsatz
	qui malefácere vult.
	Das Verb *malefácere* ist als inhaltsreiches Wort vor
	das Relativpronomen *qui* gestellt; so wird mit dem
	ersten Wort bereits das Thema genannt.
	Statt findet 'niemals nicht einen Grund' sagt man im
	Deutschen 'findet immer einen Grund'.

27. Bene vixit, qui bene látuit.

Herkunft:	Ovíd (43 v. – 17 n. Chr.), Trístia III 4, 25
Wörtlich:	Gut gelebt hat der, der gut verborgen war.

Bedeutung:	Wer ständig im Licht der Öffentlichkeit lebt, wer also immer beobachtet wird, hat dadurch zwar viel Anerkennung, aber die Beobachtung schränkt ihn in seiner Freiheit ein. Auch kleine Schwächen oder Fehler sind sofort in aller Munde.
Beispiel:	Berühmte Persönlichkeiten müssen damit rechnen, auch in ihrem privaten Bereich von aufdringlichen Fotografen verfolgt zu werden, weil solche Fotos die Verkaufsziffern mancher Zeitungen erhöhen. Das ganze Leben so im Licht der Öffentlichkeit zu stehen, ist für manchen eine arge Belästigung, so dass er am Ende vielleicht sagen wird: Bene vixit, qui bene látuit.
Vokabeln:	bene: *Adverb* zu bonus, bona, bonum gut ▸ dt. Benefiz, engl. beneficent, frz. bien, it. bene vívere, vivo, vixi, (victurus): leben ▸ engl. viva voce (mündlich), frz. vivre, it. vivere qui, quae, quod: *Relativpronomen* welcher, welche, welches; der, die, das; wer, was latere, láteo, látui, – : verborgen sein ▸ dt. latent, engl. latent, frz. latent, it. latente
Grammatik:	*bene*: Adverbiale zu *vixit* *vixit*: 3. Person Singular Indikativ Perfekt, Prädikat des Hauptsatzes. Das Subjekt dazu ist der Relativsatz *qui bene látuit*. *qui*: Nominativ Singular Maskulinum, Subjekt zu *látuit* *látuit*: 3. Person Singular Indikativ Perfekt, Prädikat des Nebensatzes Das Perfekt in Haupt- und Nebensatz zeigt, dass hier über jemanden gesprochen wird, der nicht mehr lebt: Erst wenn ein Mensch gestorben ist, kann man ein Urteil über sein Leben abgeben. *vívere* gehört zu den Verben mit s-Perfekt (*vixit*).

28. pro domo

Herkunft:	Nach dem Titel von Cíceros Rede, De domo sua
Wörtlich:	für das Haus, für das eigene Haus, im persönlichen Interesse
Bedeutung:	Cícero zielte mit seiner Rede darauf ab, sein beschlagnahmtes Haus wiederzubekommen. Man begegnet oft Menschen, die zum eigenen Nutzen reden oder dem einer Gruppe, die sie vertreten, die aber im Unterschied zu Cícero verschleiern, dass es ihnen vor allem um egoistische Interessen geht.
Beispiel:	„Im Sportunterricht sollte viel mehr Fußball gespielt werden. Ich hoffe, dass diese Forderung jetzt endlich in den Lehrplan aufgenommen wird." „Ja, und wenn deine Forderung erfüllt wird, kann deine Firma vielleicht ein paar neue Fußballplätze bauen. Sprichst du hier vielleicht nur pro domo?"
Vokabeln:	pro: *Präposition mit Ablativ* vor; für, anstelle von domus, domus: *f* Haus ▸ dt. Dom, domestizieren, Domizil, engl. dome, dominion, frz. dôme, it. duomo
Grammatik:	domo: Ablativ Singular zu *domus, domus* pro domo: Adverbiale

29. Iracúndiam qui vincit, hostem súperat maximum.

Herkunft:	Publílius Syrus (1. Jh. v. Chr.), Senténtiae 251
Wörtlich:	Wer den Jähzorn besiegt, überwindet seinen größten Feind.

Bedeutung:	Wer einen Wutanfall bekommt, verliert leicht die Kontrolle und nimmt gar nicht wahr, wenn er sich durch sein Verhalten selbst schadet.
Beispiel:	Manchmal wird man auf der Autobahn über einen permanenten Linksfahrer schrecklich wütend und möchte ihn rechts überholen. Gelingt es jetzt, die Wut zu beherrschen, braucht man kein Fahrverbot wegen verkehrswidrigen Verhaltens zu befürchten: Iracúndiam qui vincit, hostem súperat maximum.
Vokabeln:	iracúndia, iracúndiae: *f* Jähzorn ▸ engl. irascible (leicht reizbar), frz. irascible, it. iracondia qui, quae, quod: *Relativpronomen* welcher, welche, welches; der, die, das; wer, was víncere, vinco, vici, victum: siegen, besiegen ▸ dt. Viktoria, engl. victory, victorious, frz. victoire, victorieux, it. vincere hostis, hostis: *m* Feind ▸ engl. hostile, frz. hostile, hostilité, it. oste superare, súpero, superavi, superatum: überwinden, besiegen ▸ engl. superable, superior, frz. supérieur, it. superare máximus, máxima, máximum: *(Superlativ von magnus)* sehr groß, am größten ▸ dt. maximieren, Maxime, engl. maximize, maximum, frz. maximaliser, maxime, it. massimo, massima
Grammatik:	*iracúndiam*: Akkusativobjekt zu *vincit*, das Subjekt ist *qui*. *vincit*: 3. Person Singular Indikativ Präsens, Prädikat des Nebensatzes. *hostem maximum* ist das Akkusativobjekt zu *súperat*. *maximum* ist das adjektivische Attribut zu *hostem*. Das Attribut *maximum* (Superlativ zu *magnus*) gibt an, was für ein Feind gemeint ist.

súperat: 3. Person Singular Indikativ Präsens, Prädikat des Hauptsatzes

Der Relativsatz *Iracúndiam qui vincit* ist das Subjekt zu *súperat*.

Die Endstellung von *maximum* unterstreicht die Größe.

Beachten Sie die Kongruenz von *maximum* mit dem maskulinen Substantiv *hostem*.

víncere gehört zu den Verben mit Dehnungsperfekt (*vícit*).

30. Perdidisse honeste mallem quam accepisse túrpiter.

Herkunft:	Publílius Syrus (1. Jh. v. Chr.), Senténtiae 479
Wörtlich:	Ich möchte lieber auf ehrenhafte Weise <etwas> verloren haben, als auf schändliche Weise <etwas> bekommen haben.
Bedeutung:	Wer lieber einen Verlust erleidet, weil er seinen Anstand nicht verlieren will, als auf unanständige Weise einen Gewinn zu machen, braucht anschließend den Blick in den Spiegel nicht zu scheuen.
Beispiel:	„Hat dein Freund den Posten bekommen?" „Nein, er hat seine Bewerbung zurückgezogen, weil die anderen viel besser qualifiziert waren. Und er wollte nicht, dass er den Posten allein auf Grund seiner Beziehungen bekäme." „Offenbar hat er nach dem Spruch gehandelt: Perdidisse honeste mallem quam accepisse túrpiter."

Vokabeln:	*pérdere, perdo, pérdidi, pérditum*: verlieren, zugrunde richten ▶ dt. perdú, engl. perdition (ewige Verdammnis), frz. perdre, perdu, it. perdere, perdita
	honestus, honesta, honestum: ehrenhaft, anständig, sittlich-gut ▶ engl. honest, frz. honorable, it. onesto
	malle, malo, malui, – ; lieber wollen
	quam: wie, *(nach Komparativ:)* als
	accípere, accípio, accepi, acceptum: annehmen, empfangen ▶ dt. akzeptieren, akzeptabel, engl. accept, acceptance, acceptation (gebräuchlicher Sinn eines Wortes), frz. accepter, acception (Sinn, Bedeutung eines Wortes), it. accettare, accetto
	turpis, turpis, turpe: schimpflich, hässlich ▶ engl. turpitudine (Verderbtheit), frz. turpide, turpitude, it. turpe
Grammatik:	*perdidisse*: Infinitiv Perfekt Aktiv zu *pérdere*
	honeste: Adverb, Adverbiale zu *perdidisse*
	mallem: 1. Person Singular Konjunktiv Imperfekt, Prädikat, sein Subjekt (ich) steckt in der Personalendung (*-m*). Es handelt sich um eine grundsätzliche Aussage für einen gedachten Fall: 'Wenn der Konflikt einträte, dann wäre mir der Verlust in Ehren lieber.' Die Infinitive im Perfekt zeigen, dass der Sprecher das Geschehen im Nachhinein betrachtet.
	accepisse: Infinitiv Perfekt Aktiv zu *accípere*
	túrpiter: Adverb, Adverbiale zu *accepisse*
	Beachten Sie den Parallelismus: *perdidisse honeste* :: *accepisse túrpiter*.
	pérdere gehört zu den Verben mit Reduplikationsperfekt (Verdopplung des Stammkonsonanten, hier *d*: *pérdidi*).
	accípere zu denen mit Dehnungsperfekt (*accepi*).

31. Praesenti médico nihil nocet.

Herkunft:	Walther, Provérbia sententiaeque 39673
Wörtlich:	Wenn der Arzt dabei ist, schadet es nichts. In Gegenwart des Arztes hat es keine schädliche Wirkung.
Bedeutung:	Wer diesen Satz zitiert, hofft wohl, wenn er etwas tue, was er eigentlich nicht tun soll, dann werde der anwesende Arzt Schaden verhüten. Vielleicht erwächst ihm aber aus der Hoffnung auf Beistand auch neue Kraft.
Beispiel:	Manche Reiseveranstalter bieten ärztlich betreute Reisen an, mit denen sie ältere Menschen anlocken wollen, die aus Angst um ihre Gesundheit eigentlich keine Urlaubsreisen in ferne Länder mehr machen wollen, die sich aber durch die Anwesenheit eines Arztes gesichert fühlen: Praesenti médico nihil nocet.
Vokabeln:	praesens, praesentis: *Adjektiv (ursprünglich Partizip Präsens von praeesse)* ▸ dt. Präsenz, präsent, Präsent, präsentieren, engl. present, frz. presant, it. presente, presenza, presentare médicus, médici: *m* Arzt ▸ dt. Medikament, Medikation, engl. medical, frz. médecin, it. medico nihil (= nil): *Indefinitpronomen* nichts ▸ dt. Nihilismus, engl. nil, nihilisme, frz. nihilisme, nihiliste, it. niente nocere, nóceo, nócui, (nociturus): schaden ▸ frz. nuir, it. nuocere
Grammatik:	*Praesenti médico*: Ablativus absolutus (bestehend aus dem Substantiv *médico* mit kongruierendem Adjektiv *praesenti*). *médico* ist das logische Subjekt des Ablativus absolutus, die Aussage ist durch das Adjektiv *praesenti* ausgedrückt, sie ist gleichzeitig mit *nocet*: 'wenn der Arzt gegenwärtig ist'. Der Ablativus absolutus ist das Adverbiale zu *nocet*. *nocet*: 3. Person Singular Indikativ Präsens, Prädikat

32. Quot hómines, tot senténtiae: suus cuique mos.

Herkunft:	Terénz (um 195 – 159 v. Chr.), Phórmio 454
Wörtlich:	Wie viele Menschen, so viele Meinungen: jeder hat seine eigene Einstellung.
Bedeutung:	Da jeder Mensch seine Eigenart und seine persönliche Biographie hat, unterscheiden sich die Menschen auch in ihren Meinungen und Ansichten. Das erschwert es oft, viele Menschen in kurzer Zeit für etwas Neues zu gewinnen.
Beispiel:	Die im Laufe der Geschichte entstandene Vielfalt der Meinungen und Einstellungen bei den europäischen Völkern ist einer der Gründe für das jahrelange Ringen um eine europäische Verfassung und die Schwierigkeit, die es bereitet, etwa in der Außenpolitik mit einer Stimme zu sprechen: Quot hómines, tot senténtiae: suus cuique mos.
Vokabeln:	quot: *undeklinierbar* wie viele ▶ dt. Quote, Quotient, engl. quota, frz. quota, it. quota homo, hóminis: *m* Mensch ▶ Homo sapiens, frz. homme, it. uomo tot: *undeklinierbar* so viele ▶ it. tot (so und so viel) senténtia, senténtiae: *f* Meinung, (auch:) Spruch ▶ dt. Senténz, engl. sentence, frz. sentence (Urteil; Sinnspruch), it. sentenza (Urteil; Sinnspruch) suus, sua, suum: sein/ihr quisque: *Indefinitpronomen (Genitiv:* cuiusque) jeder (für sich), jeder einzelne mos, moris: *m* Sitte; Gewohnheit; Brauch ▶ dt. Moral, engl. morale, frz. morale, it. morale

Grammatik:	Sowohl bei dem Relativsatz *Quot hómines* als auch bei dem Hauptsatz *tot senténtiae* fehlt die Kópula *sunt*, die wir hier auch im Deutschen weglassen, in dem erklärenden Nachsatz *suus cuique mos* fehlt *est*.
	cuique: Dativ zu *quisque*. er gibt den Besitzer an (*dativus possessivus*): 'jedem ist seine eigene Art': jeder hat seine eigene Einstellung.
	suus mos: Subjekt zu dem zu ergänzenden *est*
	Beachten Sie die Kongruenz des adjektivischen Possessivpronomens *suus* mit dem maskulinen Substantiv *mos*.

33. De gústibus non est disputandum.

Herkunft:	Walther, Provérbia sententiaeque 36103
Wörtlich:	Über Geschmack darf man nicht streiten.
Bedeutung:	Über Geschmacksfragen zu diskutieren ist sinnlos, weil jeder seine eigenen Vorstellungen davon hat, was schön oder angenehm ist.
Beispiel:	Wenn eine Dame auf einem Empfang einen pink-farbenen Hut zum apfelgrünen Kleid trägt, finden die einen das geschmacklos, andere bewundern sie, weil sie nach der Mode gekleidet sei. In der Mode gilt eben wie auch in der Kunst: De gústibus non est disputandum.
Vokabeln:	de: *Präposition mit Ablativ* von … herab, über
	gustus, gustus: *m* das Kosten, der Geschmack ▶ dt. Gusto, engl. gusto (Begeisterung), frz. goût, it. gusto
	non: *Adverb* nicht
	esse, sum, fui, (futurus): sein ▶ dt. Futur, engl. future, frz. être, futur, it. essere, futuro
	disputare, dísputo, disputavi, disputatum: erörtern, streiten ▶ dt. disputieren, Disput, Disputation, engl. dispute, frz. disputer, it. disputare, disputa

Grammatik:	*de gústibus*: Ablativ Plural, Adverbiale *disputandum est*: Prädikat, Gerundivum, das ausdrückt, dass etwas geschehen soll bzw. bei Verneinung nicht geschehen soll/darf: 'Es darf nicht gestritten werden.' Im Deutschen setzt man statt des Passivs, wenn der 'Täter' nicht genannt wird, gern einen aktivischen Satz mit 'man' als Subjekt, hier also: 'Man darf nicht streiten.'

34. Relata réfero.

Herkunft:	Bildungssprachlich (nach Herodót, Históriae VII 152,3)
Wörtlich:	Ich referiere Referiertes. Ich gebe weiter, was ich <selbst nur> gehört habe.
Bedeutung:	Mit dem Satz „Relata réfero" kann man leicht die Verantwortung für eine Nachricht abschieben, die man ungeprüft weitergibt, z. B. um sich interessant zu machen oder um jemandem zu nützen oder zu schaden.
Beispiel:	„Mach bloß keine Geschäfte mehr mit der Firma Meyer, die steht kurz vor dem Bankrott!" „Wieso? Woher weißt du das?" „Wissen tu ich das nicht, ich habe so etwas gehört: Relata réfero."
Vokabeln:	referre, réfero, réttuli, relatum: zurücktragen; überbringen, melden ▶ dt. Referat, Referent, Referendum, engl. refer, referendum, frz. relater, it. referente, riferire

Grammatik:	*réfero*: 1. Person Singular Indikativ Präsens, Prädikat *reláta*: Substantiviertes Partizip Perfekt Passiv Neutrum Plural, Akkusativobjekt zu *réfero*. Beachten Sie die Alliteration (Stabreim) *reláta réfero*. *referre* gehört zu den Verben mit Reduplikationsperfekt (Verdopplung des Stammkonsonanten, hier *t*: *réttuli*).

35. Audacter calumniare, semper áliquid haeret.

Herkunft:	Walther, Provérbia sententiaeque 1688a
Wörtlich:	Verleumde nur dreist, es bleibt immer etwas hängen. Erhebe nur frech falsche Beschuldigungen, es bleibt <am Beschuldigten> immer etwas hängen.
Bedeutung:	Diese sarkastische Aufforderung weist darauf hin, dass bei falschen Beschuldigungen, selbst wenn sich diese als unwahr erweisen, dennoch an der verleumdeten Person ein Makel hängen bleibt, weil die Menschen sagen, es sei kaum Zufall, dass man der Person das Nachgesagte zugetraut habe: Kein Rauch ohne Feuer.
Beispiel:	Um die Wähler zu manipulieren, enthält manchmal ein Wahlplakat Andeutungen, die wie eine Verleumdung der politischen Gegner wirken. Dabei geht es nach dem Motto: Audacter calumniare, semper áliquid haeret.
Vokabeln:	aud*ax*, aud*ax*, aud*ax*: (*Genitiv*: aud*acis*) waghalsig, verwegen; mutig, furchtlos ▶ engl. audacious, frz. audacieux, audace, it. audace calumni*ari*, calúmnior: (*Deponens*) zu Unrecht anklagen, verleumden ▶ engl. calumniate, frz. calomnier, it. calunniare

semper: *Adverb* immer ▸ engl. sempiternal,
frz. sempiternel, it. sempre
áliquis, áliquid: *Indefinitpronomen* (*Genitiv*: alicúius)
irgend jemand, irgend etwas
haer<u>e</u>re, háere<u>o</u>, haes<u>i</u>, (haes<u>u</u>rus): hängen
▸ dt. Adhäsion, engl. adhere to, adherence,
frz. adhérer, adhésion, it. aderire

Grammatik:	*Aud<u>a</u>cter*: Adverb zu *aud<u>a</u>x*, Adverbiale zu *calumni<u>a</u>re* *calumni<u>a</u>re*: Imperativ Singular zu *calumni<u>a</u>ri* (Deponens), Prädikat des 1. Hauptsatzes *áliquid*: Subjekt zu *haeret* *haeret*: 3. Person Singular Indikativ Präsens, Prädikat des zweiten Hauptsatzes *haer<u>e</u>re* gehört zu den Verben mit s-Perfekt (*haes<u>i</u>*).

36. Ub<u>i</u> omn<u>e</u>s peccant, pars quer<u>e</u>lae tóllitur.

Herkunft:	P<u>u</u>blílius Syrus (1. Jh. v. Chr.), Senténtiae 712
Wörtlich:	Wo alle sündigen/fehlen, wird ein Teil der Klage aufgehoben.
Bedeutung:	Wo viele Menschen gegen ein Gesetz oder eine Regel verstoßen, weil ihnen das Unrechtsbewusstsein fehlt, ist es schwer, dagegen einzuschreiten. Die Gültigkeit des Gesetzes oder der Regel wird damit aber nicht grundsätzlich in Frage gestellt.
Beispiel:	In den ersten Jahrzehnten nach dem zweiten Weltkrieg lebten in zahlreichen deutschen Heimen Kinder und Jugendliche unter menschenunwürdigen Umständen, oft wurden sie schlecht behandelt oder sogar misshandelt. Weil die Missstände weit verbreitet waren, war es damals kaum möglich, sie erfolgreich zu bekämpfen: Ub<u>i</u> omn<u>e</u>s peccant, pars quer<u>e</u>lae tóllitur.

Vokabeln:	ub**i**: *Adverb* wo; *Konjunktion mit Indikativ Perfekt:* sobald
	omnis, omnis, omne: all, jeder, ganz ▶ dt. Omnibus, Omnipotenzphantasien, engl. omniscient, frz. omnipotence, omniprésence, it. onnipresente
	pecc**o**, pecc**a**re, pecc**a**v**i**, pecc**a**tum: falsch handeln, sündigen ▶ frz. pécher, it. peccare
	pars, partis: *f* Teil ▶ dt. partiell, Partitur, Partition, partitionieren, engl. part, partial, particle, party, frz. part, parti, partie, partiel, it. parte, partitivo
	quer**e**la, quer**e**lae: *f* Klage, Beschwerde ▶ dt. Querelen, Querulant, frz. querelle, quereller, it. querela
	t**ó**llere, toll**o**, s**ú**stul**i**, sublatum: (aufheben:) emporheben; beseitigen, wegnehmen ▶ it. togliere
Grammatik:	*omn**e**s*: Nominativ Plural, Subjekt zu *peccant*
	peccant: 3. Person Plural Indikativ Präsens, Prädikat des Nebensatzes
	*pars quer**e**lae*: Subjekt des Hauptsatzes
	*quer**e**lae*: Genitivattribut zu *pars*, es gibt an, wovon der Teil genommen wird.
	*t**ó**llitur*: 3. Person Singular Indikativ Präsens Passiv, Prädikat des Hauptsatzes
	Der Nebensatz *Ub**i** omn**e**s peccant* gibt an, wo die Aussage des Hauptsatzes gilt.

37. Ultr**a** posse n**e**m**o** ten**e**tur / oblig**a**tur.

Herkunft:	Nach Corpus **I**uris C**i**v**i**lis, D**i**gesta (533 n. Chr.) 50. 17,185
Wörtlich:	Über sein Können (oder seine Mittel) hinaus ist niemand verpflichtet.
Bedeutung:	Niemand ist zu mehr verpflichtet, als er leisten kann.

Beispiel:	Von einem Nichtschwimmer wird nicht verlangt, dass er in ein tiefes Wasser springt, um einen Ertrinkenden zu retten; aber er sollte versuchen, Hilfe zu holen. Zu mehr ist er nicht verpflichtet: Ultra posse nemo obligatur.
Vokabeln:	ultra: *Präposition mit Akkusativ* jenseits, über ... hinaus posse, possum, pótui, – : können ▸ dt. Potenz, potenzieren, engl. possible, possibility, frz. possible, possibilité, it. potere, potenza, possibile nemo, neminis: *Indefinitpronomen* (*aus:* ne-homo kein Mensch) niemand tenere, téneo, ténui, tentum: halten ▸ dt. Tenor, Ténor, engl. tenable, tenant (Mieter), tenure, frz. tenir, ténacité, it. tenere, tenore, tenente (Oberleutnant) obligare, óbligo, obligavi, obligatum: verpflichten ▸ dt. Obligation, obligat, obligatorisch, engl. oblige, frz. obliger, it. obbligare
Grammatik:	*Ultra posse*: Adverbiale zu *tenetur* *tenetur*: 3. Person Singular Indikativ Präsens, Prädikat: er wird verpflichtet/gebunden. Hier liegt ein zeitloses Präsens vor: Die Aussage soll generell gelten. Im Deutschen verwendet man dafür das Zustandsperfekt (hier: Partizip Perfekt mit einer Präsensform von 'sein').

38. Vox audita perit, líttera scripta manet.

Herkunft:	Walther, Provérbia sententiaeque 34168
Wörtlich:	Das gehörte Wort vergeht, der geschriebene Buchstabe bleibt bestehen.
Bedeutung:	Was nur ausgesprochen, aber nicht schriftlich fixiert wird, gerät meist schnell in Vergessenheit.

Beispiele:	Erfreulicherweise gibt es immer wieder Menschen, die ihren Kindern und Enkeln nicht nur aus ihrem Leben erzählen, sondern dies auch aufschreiben. So können die Erfahrungen der älteren Generation erhalten bleiben: *Vox audita perit, líttera scripta manet*.
Vokabeln:	vox, vocis: *f* Stimme, Rede, Wort ▶ dt. Vokal, Vokativ, frz. voix, engl. voice, it. voce
	audire, áudio, audivi, audítum: hören ▶ dt. auditiv, Auditorium, Audimax, engl. audible, auditor, frz. audible, audience, auditoire, it. udire, uditore
	perire, péreo, périi, (peritúrus): verlorengehen, zugrundegehen
	líttera, lítterae: *f* Buchstabe ▶ dt. Literatur, literarisch, Lettern, engl. letter, literate, frz. lettre, literature, it. lettera
	scribere, scribo, scripsi, scriptum: schreiben, ▶ dt. Skript, Postskriptum (P.S.), transskribieren, engl. describe, description, frz. écrire, it. scrivere, scrittura
	manere, máneo, mansi, (mansúrus): bleiben, ▶ dt. permanent, immanent, engl. permanent, frz. permanent, it. rimanere
Grammatik:	*vox audita*: Nominativ Singular, Subjekt zu *perit*
	perit: 3. Person Singular, Indikativ Präsens von *perire*, Prädikat des ersten Hauptsatzes
	audita bzw. *scripta*: Partizip Perfekt Passiv von *audire* bzw. *scribere*, adjektivische Attribute zu *vox* bzw. *líttera*
	líttera scripta: Nominativ Singular, Subjekt zu *manet*
	manet: 3. Person Singular, Indikativ Präsens, Prädikat des zweiten Hauptsatzes
	Das Sprichwort ist ein Pentameter, den Rhythmus kann man durch Betonung der fett gedruckten Vokale deutlich machen: *vox audita perit, líttera scripta manet*. Beide Teile sind parallel gebaut: Subjekt, Attribut, Prädikat.

Beachten Sie die Kongruenz des Partizips *audita* mit
dem femininen Substantiv *vox* und die von *scripta* mit
líttera.
scribere und *manere* gehören zu den Verben mit s-
Perfekt (*scripsi, mansi*).

39. Iucundi acti labores.

Herkunft:	Cícero (106 – 43 v. Chr.), De fínibus bonorum et malorum II 105
Wörtlich:	Erfreulich sind erledigte Arbeiten. – Überstandene Mühen sind angenehm.
Bedeutung:	Wenn die Strapazen überwunden sind, ist man erleichtert und empfindet sie nicht mehr als so drückend.
Beispiel:	„Noch einmal herzlichen Dank für dieses wunderbare Fest! Sie müssen ja wahnsinnig viel Zeit und Energie in die Vorbereitung gesteckt haben!" „Na, ja, so schlimm war es nun auch wieder nicht! Und es hat sich doch gelohnt!" „Also wie im Lateinbuch: Iucundi acti labores."
Vokabeln:	iucundus, iucunda, iucundum: angenehm, erfreulich ▸ engl. joke, it. giocondo ago, egi, actum: tun, treiben handeln ▸ agieren, Agent, Agentur, Akt, Aktion, engl. agent, action, frz. acte, action, agir, it. agire, atto labor, laboris: *m* Mühe Arbeit ▸ dt. Labor, Laborant, laborieren, engl. labour, frz. labeur, labour (Feldarbeit), labourer (pflügen), it. lavoro, laborioso

Grammatik:	*iucundi*: zu ergänzen ist die Kópula *sunt*. Solche Ellipsen (Auslassungen) sind nicht selten, vor allem bei Sprichwörtern. Das Prädikatsnomen (*iucundi*) steht am Satzanfang, dadurch wird es betont. (Man könnte auch sagen: *iucundi* ist das Thema des Satzes: angenehme Dinge. Die Aussage wäre dann: 'Angenehm ist manches, zum Beispiel Mühen, die überstanden sind' oder 'wenn sie überwunden sind'.)
	acti labores: Nominativ Plural, Subjekt
	acti: Partizip Perfekt Passiv Nominativ Plural Maskulinum; es steht als Attribut vor dem Substantiv *labores*, weil es betont werden soll: Nicht generell sind Arbeiten angenehm, jedenfalls aber dann, wenn sie erledigt sind.
	Beachten Sie die Kongruenz des Adjektivs *iucundi* und des Partizips *acti* mit dem maskulinen Substantiv *labores*.

40. sub spécie aeternitatis

Herkunft:	Spinóza (1632 – 1677), Ethik 5,29
Wörtlich:	unter dem Aspekt der Ewigkeit, in Hinblick auf die Ewigkeit
Bedeutung:	Wenn man bedenkt, wie kurz das Leben ist im Vergleich zur Ewigkeit, verliert Vieles an Bedeutung. Zur Nebensache wird auch Manches, was nur für den Augenblick oder eine kurze Zeitspanne wichtig ist, wenn man noch ein langes Leben vor sich sieht.
Beispiel:	„Ich wollte doch unbedingt mit auf die Gruppenreise nach Griechenland!"
	„Ich verstehe deinen Ärger. Aber wenn du trotz deiner Grippe gefahren wärst, hättest du deine Gesundheit schwer und dauerhaft gefährdet. Sub specie aeternitatis hast du es doch richtig gemacht. Schließlich kannst du ja später immer noch fahren."

Vokabeln:	*sub: Präposition mit Ablativ auf die Frage „Wo?"* unter spéci<u>es</u>, speci<u>ei</u>: *f* Aussehen; Schein; Bild; (*auch:* Art einer Gattung) ▶ dt. Spezies, speziell, engl. spe- cies, specialist, frz. espèce, it. specie (Art, Sorte) aetérnit<u>as</u>, aeternit<u>atis</u>: *f* Ewigkeit ▶ dt. Eternit, engl. eternity, frz. éternité, it. eternità
Grammatik:	*aeternitatis* ist das Genitivattribut zu *specie*, es gibt an, an was für einen Gesichtspunkt gedacht ist, wohin der Blick geht.

EST AD

NIANES

N CVLCT

REDEGE

Q ANN

NIAN

EST AD RO

MORTVM

NIANE

CVLCT

S DEGN

ANTE

Über das Lernen

41. Sápere aude!

Herkunft:	Horáz (65 – 8 v. Chr.), Epístulae I 2
Wörtlich:	Wage es, deinen Verstand zu gebrauchen! Wage es, weise zu sein!
Bedeutung:	Der große Philosoph Immanuel Kant (1724 – 1804) hat diese Aufforderung so wiedergegeben: Habe Mut, dich deines eigenen Verstandes zu bedienen! Friedrich Schiller (1749 – 1805) formuliert: Erkühne dich, weise zu sein! Seine geistigen Fähigkeiten auszubilden, um über geltende Meinungen und Werte selbst urteilen zu können, dazu bedarf es zunächst einmal eines festen Entschlusses.
Beispiel:	„Willst du nicht doch noch auf dem Zweiten Bildungsweg Abitur machen? Bei deinen Fähigkeiten könntest du doch noch studieren." „Ja, ich möchte eigentlich schon. Vielleicht später." „Nur keine Ausflüchte! Raffe dich auf: Sápere aude!"
Vokabeln:	sápere, sápio, sapivi, sapitum: verständig sein, klug sein ▶ dt. Homo sapiens, engl. savour, frz. savoir; sage, it. sapere, sapiente, sapienza audere, áudeo, ausus sum: (SemiDeponens) wagen, sich erdreisten ▶ it. osare
Grammatik:	aude: Imperativ Singular

42. Cum ames, non sápias, aut cum sápias, non ames.

Herkunft:	Publílius Syrus (1. Jh. v. Chr.), Senténtiae 117
Wörtlich:	Wenn du verliebt bist, hast du wohl kein klares Urteil, oder wenn du ein klares Urteil hast, bist du wohl nicht verliebt.

Bedeutung:	Leidenschaftliche Gefühle behindern das Denken und umgekehrt. Starke Gefühle und Denken sind zwei Kräfte, die wohl nicht zur selben Zeit am selben Ort sein können.
Beispiel:	Junge Leute sind oft so verliebt, dass sie heiraten, ohne zu prüfen, ob sie genügend gemeinsame Werte und Interessen haben. Das ist nicht schwer zu verstehen, wenn man bedenkt: Cum am_e_s, non s_á_pi_a_s, aut cum s_á_pi_a_s, n_o_n am_e_s.
Vokabeln:	cum: *Konjunktion mit Indikativ* wenn (*zeitlich:* wenn, dann), sooft am_a_re, am_o_, am_a_vi, am_a_tum: lieben, verliebt sein ▸ dt. Amateur, engl. amateur, frz. aimer, amour, it. amare, amante, amore, innamorato n_o_n: *Adverb* nicht
Grammatik:	*am_e_s:* 2. Person Singular Konjunktiv Präsens, Prädikat des ersten Nebensatzes. Das Subjekt (du) steckt in der Personalendung (-*s*). *s_á_pi_a_s:* 2. Person Singular Konjunktiv Präsens, Prädikat des ersten Hauptsatzes. Der Konjunktiv dient hier dazu, die Behauptung abzuschwächen. Das können wir im Deutschen durch 'wohl' erreichen. (Oft wird auch die zweite Person durch das unpersönliche 'man' ersetzt: hier: 'Wenn man liebt, hat man wohl kein Urteil.'). Im Nebensatz *Cum am_e_s* steht der Konjunktiv zur Angleichung des Modus an den Modus des Hauptsatzes. Entsprechendes gilt für das zweite Satzgefüge: *cum s_á_pi_a_s, n_o_n am_e_s.* (Man könnte das *cum* aber auch kausal auffassen: 'weil du ...'). Beachten Sie den Satzbau: Formal ein Parallelismus: Bei beiden Satzgefügen steht der Nebensatz vor dem Hauptsatz: *Cum am_e_s, n_o_n s_á_pi_a_s, aut cum s_á_pi_a_s, n_o_n am_e_s.* Zugleich ein Chiasmus: *am_e_s / s_á_pi_a_s :: s_á_pi_a_s / am_e_s.*

43. Mens sana in córpore sano!

Herkunft:	Juvenál (um 60 – 140), Satiren X 356
Wörtlich:	Ein gesunder Geist <sei> in einem gesunden Körper!
Bedeutung:	Man soll Körper und Geist in gleichem Maße bilden.
Beispiel:	Der Museumsbesuch einer Schulklasse sollte genau so sorgfältig vorbereitet sein, wie man das vom Schulsportfest erwartet – wenn gelten soll: Mens sana in córpore sano!
Vokabeln:	mens, mentis: f Verstand, Geist ▶ dt. mental, Mentalität, engl. mental, frz. mental, it. mente sanus, sana, sanum: gesund ▶ dt. Sanitäter, sanitär, engl. sanity, frz. sain, santé, it. sano in: Präposition mit Ablativ auf die Frage „Wo?" in, an, auf corpus, córporis: n der Körper ▶ dt. Korpus, engl. corpus, corpse (Leichnam), frz. corps, it. corpore
Grammatik:	Der hinzuzudenkende Konjunktiv Präsens sit (von esse) hat die Funktion des Optativs: er drückt einen Wunsch aus. Die Ellipse (Weglassung) der Kópula (hier: sit) ist vor allem in Sprichwörtern nicht ungewöhnlich. Beachten Sie die Kongruenz des Adjektivs sana mit dem femininen Substantiv mens, und die des Adjektivs sano mit dem neutralen córpore.

44. In médias res!

Herkunft:	Horáz (65 – 8 v. Chr.), Ars poética 148
Wörtlich:	In die Mitte der Dinge, mitten in die Ereignisse, zum zentralen Punkt!
Bedeutung:	Um seine Hörer oder Leser zu erreichen, sollte man gleich mit dem Wichtigsten anfangen, für das man sie interessieren will.

Beispiel:	Wer über moderne Verkehrspolitik reden will, sollte nicht damit anfangen zu schildern, wie mühsam es vor der Erfindung der Eisenbahn war, von Berlin nach Paris zu reisen. Hier ist der Griff ins Zentrum der Problematik (Öffentlicher Verkehr, Individualverkehr, Auto, Bahn, Flugzeug) erforderlich, eben: In médias res!
Vokabeln:	in: *Präposition mit Akkusativ auf die Frage „Wohin?"* in, an, auf; gegen médius, média, médium: mittlerer, in der Mitte ▸ dt. Medium, Medien, medial, Medianwert, engl. media, medial, frz. médius (Mittelfinger), médium, it. medio res, rei: *f* Sache ▸ dt. reell, real, engl. real, reality, frz. réalité, it. reale, realtà
Grammatik:	*in médias res:* Akkusativ auf die Frage „Wohin?" (mitten in die Dinge hinein) *médias* bezeichnet hier (wie meistens) nicht die 'mittleren' Dinge im Unterschied zu den 'äußeren', sondern die Mitte des Gegenstands, sein Zentrum. Beachten Sie die Kongruenz des Adjektivs *médias* mit dem femininen Substantiv res.

45. Témpora mutantur, nos et mutamur in illis.

Herkunft:	Wahlspruch Kaiser Lothars I. (795 – 855)
Wörtlich:	Die Zeiten ändern sich und wir ändern uns in/mit ihnen.
Bedeutung:	Es ändern sich nicht nur die Zeiten, sondern auch unsere Einstellungen und Wertmaßstäbe. Nicht alles, was man früher für richtig gehalten hat, sieht man auch heute noch als gültig an. Daher sollte jedem das Recht auf Meinungsänderung zugestanden werden.

Beispiel:	Die Kriminalistik hat große Fortschritte gemacht und dadurch herausgefunden, dass schon öfter Menschen zu Unrecht zum Tode verurteilt und hingerichtet worden sind. Daher hat die Anzahl der Anhänger der Todesstrafe abgenommen, weil manche ihre Einstellung geändert haben: *Témpora mutantur, nos et mutamur in illis.*
Vokabeln:	tempus, témporis: *n* Zeit ▸ dt. Tempo, temporär, engl. tempo (Tempo), temporary, frz. temps, it. tempo mutare, muto, mutavi, mutatum: tauschen, vertauschen, verändern ▸ dt. mutieren, Mutation, Permutation, engl. mutate (sich verändern), mutable, frz. mutation, muter (versetzen), it. mutare, mutande (Unterhose) nos: *Personalpronomen Nominativ/Akkusativ* wir/uns et: *Konjunktion* und, *(manchmal:)* auch in: *Präposition mit Ablativ auf die Frage „Wo?"* in, an, auf ille, illa, illud: *Demonstrativpronomen* jener, jene, jenes
Grammatik:	*témpora*: Nominativ Plural Neutrum von *tempus*, Subjekt zu *mutantur*. *mutantur*: 3. Person Plural Indikativ Präsens, hier nicht Passiv (sie werden verändert), sondern Medium (sie ändern sich), Prädikat des ersten Hauptsatzes *nos et*: wir auch, und wir *mutamur*: 1. Person Plural Indikativ Präsens Medium (wie *mutantur*), Prädikat des zweiten Hauptsatzes *in illis:* Adverbiale zu *mutamur* Der Ausspruch ist ein Hexameter. Man kann das Versmaß (6 Füße) durch Betonung der fett gedruckten Vokale hörbar machen: *Témpora mutantur, nos et mutamur in illis.*

46. mutatis mutandis

Herkunft:	Bildungssprachlich
Wörtlich:	nach der Vertauschung des zu Vertauschenden; mit (oder: nach) den erforderlichen Veränderungen
Bedeutung:	Manchmal sind Feststellungen aus einem Bereich auch in einem anderen gültig. Weil aber trotz im wesentlichen gleichartiger Verhältnisse gewisse Unterschiede vorliegen, gilt dies nur, wenn man bestimmte Begriffe/Benennungen durch andere ersetzt.
Beispiel:	Man sollte von jedem im Bereich der Universität Lehrenden erwarten dürfen, dass er die erwachsenen Studenten fair behandelt, nach Kräften fördert und sich immer vor Augen hält, dass sich aus ihnen irgendwann die neuen Hochschullehrer rekrutieren werden. Das gilt mutatis mutandis auch für den Bereich der Schule. (Also etwa so: Von einem Lehrer sollte man erwarten dürfen, dass er seine Schüler fair behandelt, nach Kräften gemäß ihrem Alter fördert und nie vergisst, dass manche von ihnen vielleicht später seine Kollegen sein werden.)
Vokabeln:	mutare, muto, mutavi, mutatum: tauschen, vertauschen; verändern ▶ dt. mutieren, Mutation, Permutation, engl. mutate (sich verändern), mutable, frz. mutation, muter (versetzen), it. mutare, mutande (Unterhose)
Grammatik:	*mutatis mutandis*: Vorzeitiger Ablativus absolutus, dessen Prädikat das substantivierte Partizip Perfekt Passiv *(mutatis)* darstellt. *mutandis*: Ablativ Plural Neutrum des Gerundivums, das ausdrückt, dass etwas geschehen soll. Das Gerundivum ist hier substantiviert, es enthält das logische Subjekt des Ablativus absolutus ('nachdem das Zuverändernde verändert worden ist').

47. Non liquet.

Herkunft:	Nach Cícero (106 – 43 v. Chr.), Pro Cluéntio 76
Wörtlich:	\<Die Sache\> ist nicht klar.
Bedeutung:	Die Sache ist undurchschaubar, darüber kann man noch kein Urteil abgeben, noch keine Entscheidung fällen.
Beispiel:	Heute ist Vieles so schwer zu durchschauen, dass die gewählten Volksvertreter sich öfter auf die Meinung von Fachleuten verlassen. Manchmal müssen sie dann etwas beschließen, obwohl weiterhin gilt: Non liquet.
Vokabeln:	non: *Adverb* nicht liquere: flüssig/klar sein ▶ dt. liquide, illiquide, liquidieren, Likör, engl. liquid, frz. liquide, it. liquido
Grammatik:	*liquere* kommt fast nur als unpersönlicher Ausdruck *liquet*, also ohne Subjekt, vor. Im Deutschen steht das unpersönliche 'es' als Subjekt.

48. Docendo díscimus.

Herkunft:	Nach Séneca (um 4 – 65), Epístulae morales 7,8
Wörtlich:	Durch Lehren lernen wir.
Bedeutung:	Wenn wir andere lehren, eröffnen sich uns neue Möglichkeiten, selbst etwas zu lernen: vielleicht wird uns eine Materie noch klarer oder wir werden angeregt, nach neuen Gesichtspunkten, Bewertungen und Methoden zu suchen.

Beispiel:	„Ich gebe jetzt einem Schüler aus der Klasse unter mir Nachhilfe in Latein." „Ach, ich habe gar nicht gewusst, dass du ein so guter Lateiner bist." „Bin ich auch nicht, aber ich werde es bald sein; denn jetzt muss ich all das nachschlagen, was mir selbst noch unklar ist. Ich verfahre nach dem Satz: Docendo díscimus."
Vokabeln:	docere, dóceo, dócui, doctum: lehren ▶ dt. dozieren, Doktor, engl. doctor (Arzt), frz. docte, docteur, it. dotto, dottore díscere, disco, dídici, – : lernen ▶ dt. Disziplin, engl. disciple (Jünger, Schüler), frz. discipline, it. discepolo (Schüler), disciplina
Grammatik:	*docendo*: Ablativ des Gerúndiums (des deklinierten Infinitivs), *ablativus instrumentalis* (des Mittels), Adverbiale zu *díscimus* *díscimus*: 1. Person Plural Indikativ Präsens, Prädikat *díscere* gehört zu den Verben mit Reduplikationsperfekt (Verdoppelung des Stammkonsonanten, hier *d*: *dídici*).

49. Non scholae, sed vitae díscimus.

Herkunft:	Nach Séneca (um 4 – 65), Epístulae morales 106, 12 (Dort wird der Spruch als heftige Kritik an der damaligen Ausbildung umgekehrt formuliert: Non vitae, sed scholae díscimus.)
Wörtlich:	Nicht für die Schule, sondern für das Leben lernen wir.

Bedeutung:	Séneca stellte voller Ärger fest, dass die Ausbildung in den Rhetorenschulen (die in gewisser Weise unseren Universitäten vergleichbar sind) sich an völlig weltfremden, oft fiktiven Themen orientierte statt am realen Leben. Er forderte eine radikale Änderung.
Beispiel:	Vor nicht all zu langer Zeit noch war die Hochschulausbildung von Fremdsprachenlehrern so ausgerichtet, als ob die Absolventen später in die Wissenschaft gehen wollten. Inzwischen hat sich vieles geändert (etwa durch die Einführung des Faches Landeskunde und des obligatorischen Auslandsaufenthalts), so dass die zukünftigen Lehrer jetzt besser für ihr zukünftiges Leben vorbereitet werden und sagen können: „Non scholae, sed vitae díscimus."
Vokabeln:	non: *Adverb* nicht schola, scholae: *f* Muße, (*hier:*) Schule ▸ dt. Scholastik, engl. school, frz. école, it. scuola sed: *Konjunktion* aber, sondern vita, vitae: *f* Leben ▸ dt. vital, engl. vital, vitality, frz. vie, it. vita díscere, disco, dídici, – : lernen ▸ dt. Disziplin, engl. disciple (Jünger, Schüler), frz. discipline, it. discepolo (Schüler), disciplina
Grammatik:	*scholae* und *vitae*: Dativ des Interesses (*dativus cómmodi*), er gibt an, zu wessen Gunsten etwas (hier: unser Lernen) geschieht. *díscimus*: 1. Person Plural Indikativ Präsens, Prädikat, das Subjekt (wir) steckt in der Personalendung (*-mus*). *díscere* gehört zu den Verben mit Reduplikationsperfekt (Verdoppelung des Stammkonsonanten, hier *d*: *dídici*).

50. Exercitátio est mater studiorum.

Herkunft:	Nach Cassiodórus (um 485 – um 580), Institutiones divinarum et saeculárium litterarum pr. 7
Wörtlich:	Übung ist die Mutter der Studien. Bei allem Lernen ist Üben von entscheidender Bedeutung.
Bedeutung:	Wenn man seine Fähigkeiten und seine Kenntnisse verbessern und erweitern will, lautet das Erfolgsrezept: Geduldig üben, um Routine zu erwerben, und immer wieder überprüfen, ob man sinnvoll und ökonomisch übt.
Beispiel:	Erst durch längere Fahrpraxis kann man nach bestandener Fahrprüfung die Fähigkeit erwerben, gefährliche Situationen im Straßenverkehr richtig einzuschätzen und darauf angemessen zu reagieren. Auch beim Autofahren gilt: Exercitátio est mater studiorum.
Vokabeln:	exercitátio, exercitationis: f Übung ▶ dt. exerzieren, engl. exercise, frz. exercer, it. esercitazione, esercizio esse, sum, fui, (futurus): sein ▶ dt. Futur, engl. future, frz. être, futur, it. essere, futuro mater, matris: f Mutter ▶ dt. Matrize, engl. maternal, frz. mère, it. madre stúdium, stúdii: n Bemühen; Neigung; Studium ▶ dt. Studio, engl. studio, frz. étude, it. studio
Grammatik:	*exercitátio*: Subjekt *est mater studiorum*: Prädikat *mater studiorum*: Prädikatsnomen zur Kópula *est* *studiorum*: Genitivattribut zu *mater*, es sichert ab, dass man die gemeinte Mutter nicht mit anderen denkbaren Müttern verwechselt.

51. Multum, non multa!

Herkunft:	Nach Plínius (um 62 – um 114), Epístulae VII 9,15
Wörtlich:	Viel, nicht vielerlei!
Bedeutung:	Wer von vielerlei ein ungefähres Wissen hat, läuft Gefahr, ganz an der Oberfläche zu bleiben. Besser ist es, von weniger Dingen viel zu wissen oder zu verstehen.
Beispiel:	Wer immer neue Hobbys betreibt, wird vermutlich in keinem sehr weit kommen. Also empfiehlt sich auch im Bereich der Freizeitbeschäftigung: Multum, non multa!
Vokabeln:	multus, multa, multum: viel ▸ dt. multiplizieren, multilateral, engl. multiple, multi-user, frz. multitude, multinational, multiple, it. molto, moltitudine, moltiplicare multi, multae, multa: viele
Grammatik:	Das Adjektiv *multus* ist in seiner neutralen Form substantiviert: *multum* viel, der Plural dazu, *multa*, bedeutet 'viele Dinge', als Gegensatz zu 'viel' geben wir *multa* mit 'vielerlei' wieder.

52. Plenus venter non studet libenter.

Herkunft:	Walther, Provérbia sententiaeque 21595
Wörtlich:	Ein voller Bauch studiert nicht gern.
Bedeutung:	Studieren ist ja ganz schön, aber nicht, wenn der Bauch voll ist. Die ursprünglich biologisch gemeinte Aussage, dass der volle Magen zur Verdauung Energie benötigt und dem Gehirn Blut entzieht und es so bremst, lässt sich auch auf allgemein menschliches Verhalten ausweiten: Wer satt ist, wird leicht träge.

Beispiel:	„Der Heini studiert immer noch? Der müsste doch längst auf eigenen Füßen stehen!" „Ach was! Sein Vater gibt ihm Geld, sein Großvater legt noch eins drauf. Da ist er doch versorgt!" „Ja, und dadurch wird es ihm schwergemacht, selbst Verantwortung zu übernehmen, statt den Bummelstudenten zu spielen: Plenus venter non studet libenter."
Vokabeln:	plenus, plena, plenum: voll ▶ dt. das Plenum, Plenarsaal, engl. plenary, frz. plein, plénier, it. pieno venter, ventris: m Bauch ▶ frz. ventre, it. ventre non: Adverb nicht studere, studeo, studui, – : (mit Dativ) sich bemühen (um); (hier:) studieren ▶ dt. studieren, Studium, Studio, Student, engl. student, frz. étudiant, étudier, étude, it. studiare, studente, studio libenter: Adverb gern
Grammatik:	plenus venter: Subjekt zu studet. Der Zusatz plenus ist zur Betonung vor das Substantiv venter gesetzt; er enthält das Kriterium, wann das studere nicht mehr angenehm ist: wenn der Bauch voll ist. studet: 3. Person Singular Indikativ Präsens, Prädikat non libenter: Adverbiale zu studet, verneint wird hier das Adverb libenter, also 'ungern'. Beachten Sie die Kongruenz des Adjektivs plenus mit dem maskulinen Substantiv venter. Beachten Sie auch den einprägsamen Binnenreim: venter – libenter, der im mittelalterlichen Latein häufig anzutreffen ist.

53. Ut desint vires, tamen est laudanda voluntas.

Herkunft	Ovíd (43 vor – 17 n. Chr.), Epístulae ex Ponto III 4,79
Wörtlich:	Wenn auch die Kräfte fehlen, so ist dennoch der <gute> Wille zu loben.
Bedeutung:	Der Versuch, etwas Schwieriges zu tun, verdient Anerkennung, auch wenn er nicht gelingt.
Beispiel:	„Der Heinz", sagte die Deutschlehrerin in der Versetzungskonferenz, „versucht immer, sich am Unterricht zu beteiligen. Und wenn auch seine Antworten oft nicht richtig sind, so zeigt er doch sein Interesse, und das muss man anerkennen: Ut desint vires, tamen est laudanda voluntas."
Vokabeln:	ut: *(hier:) konzessive Konjunktion mit Konjunktiv* wenn auch deesse, desum, defui, (defuturus): fehlen vires, vírium: *f (Plural zu vis)* Streitkräfte, Kräfte tamen: *Adverb* dennoch, trotzdem esse, sum, fui, (futurus): sein ▶ dt. Futur, engl. future, frz. être, futur, it. essere, futuro laudare, laudo, laudavi, laudatum: loben ▶ dt. Laudátio, engl. laud, frz. louer, laudateur, it. lodare voluntas, voluntatis: *f* Wille ▶ dt. Volontär, engl. voluntary, volunteer, frz. volonté, it. volere, volentieri
Grammatik:	*desint*: 3. Person Plural Konjunktiv Präsens zu *deesse*, Prädikat des Nebensatzes *vires:* Nominativ Plural zu *vis*, Subjekt des Nebensatzes Dass der Nebensatz *Ut desint vires* konzessiv zu verstehen ist, zeigt das Adverb *tamen* im Hauptsatz: *tamen est laudanda voluntas.*

laudanda est: Prädikat des Hauptsatzes. *laudanda* ist
ein Gerundivum, das in Verbindung mit einer Form
von *esse* ausdrückt, dass etwas geschehen muss/soll.
voluntas: Nominativ Singular, Subjekt des Hauptsatzes.

Beachten Sie die Kongruenz des adjektivischen Ge-
rundivums *laudanda* mit dem femininen Substantiv
voluntas.

Beachten Sie den Parallelismus: Die Subjekte *vires*
bzw. *voluntas* stehen in Haupt- und Nebensatz an
letzter Stelle.

Der Ausspruch ist ein Hexámeter. Man kann das
Versmaß (6 Füße) durch Betonung der fett gedruckten Vokale hörbar machen: *Ut desint vires, tamen est
laudanda voluntas.*

54. In magnis voluisse sat est.

Herkunft:	Propérz (um 50 – 15 v. Chr.) II 10, 6
Wörtlich:	Bei großen Dingen genügt es, gewollt zu haben.
Bedeutung:	Wenn ein Bemühen erfolglos war, kann man sich mit diesem Satz trösten: Anerkennung verdient auch der erfolglose Versuch. Die Hände in den Schoß zu legen oder Ausreden für Nichtstun zählen nicht. Das gilt auch bei einfacheren oder weniger bedeutenden Sachverhalten.
Beispiel:	„Ich habe ein Fass Rapsöl gekauft und mein Auto umrüsten lassen, um umweltschonend Autofahren zu können. Und jetzt höre ich, dass damit neue andersartige Schäden verbunden sind!" „Immerhin hast du es probiert. Du weißt doch: In magnis voluisse sat est."

Vokabeln:	in: *Präposition mit Ablativ auf die Frage „Wo?"* in, an, auf
	m**a**gnus, m**a**gna, m**a**gnum: groß ▶ dt. Magnolie, Magnifizénz, engl. magnitude, frz. magnum, magnitude, it. magno, magnifico (großartig)
	velle, vol**o**, v**ó**lu**i**, – : wollen ▶ dt. Volontär, engl. voluntary, volunteer, frz. vouloir, it. volere, volentieri
	sat: *Adverb, Kurzform für* satis: genug ▶ dt. Satisfaktion, saturiert, engl. satisfy, frz. satisfait, satiété. it. sazio (satt), saturare
	esse, sum, fu**i**, (fut**u**rus): sein ▶ dt. Futur, engl. future, frz. être, futur, it. essere, futuro
Grammatik:	*magnis* ist Ablativ Plural Neutrum des substantivierten Adjektivs *magnum* 'das Große'.
	Wir können zu *magnis* auch *rebus* ergänzen, also *in magnis rebus* 'bei großen Dingen'.
	Das Subjekt des Satzes ist *voluisse* gewollt haben.
	sat ist das Prädikatsnomen zu der K**ó**pula *est*.
	in magnis rebus: Adverbiale, das angibt, wo der Wille allein schon ausreichend ist.
	Dass der Infinitiv (*voluisse*) hier im Perfekt benutzt wird, zeigt, dass die Beurteilung nach einem misslungenen Versuch erfolgt.

55. N**u**lla di**e**s sine l**í**ne**a** <sit>!

Herkunft:	Nach Pl**í**nius m**a**ior (23 – 79 v. Chr.), N**a**tur**a**lis hist**ó**ria 35, 84 (Empfehlung des griechischen Malers Apelles)
Wörtlich:	Kein Tag <sei> ohne Linie (Pinselstrich)!
Bedeutung:	Ein Maler soll durch tägliches Praktizieren seine Kunstfertigkeit erhalten oder verbessern. Das regelmäßige Ausüben des Gelernten hilft auch in anderen Lebensbereichen.

Beispiel:	Wenn man Latein lernen will, empfiehlt sich der Rat, den der griechische Maler Apelles seinen Schülern gegeben haben soll und der auf Latein heißt: Nulla dies sine linea. Also: Jeden Tag etwas Lateinisches lesen oder schreiben: Kein Tag soll sein ohne Latein!
Vokabeln:	nullus, nulla, nullum: *Indefinitpronomen* (*Genitiv:* nullius, *Dativ:* nulli) kein ▸ dt. Null, annullieren, engl. nullify (annullieren), frz. nul, nullité, annuler, it. nulla, nullità dies, diei: *m/f* Tag (*auch:* Termin) ▸ frz. diurne, it. dì sine: *Präposition mit Ablativ* ohne linea, lineae: *f* Linie ▸ dt. Lineal, liniert, engl. line, frz. linéaire, it. linea esse, sum, fui, (futurus): sein ▸ dt. Futur, engl. future, frz. être, futur, it. essere, futuro
Grammatik:	*nulla:* adjektivisches Attribut zu *dies* *sit:* 3. Person Singular Konjunktiv Präsens zum Ausdruck des Wunsches (Optativ) *sine linea:* Adverbiale Beachten Sie die Kongruenz des Adjektivs *nulla* mit dem femininen Substantiv *dies*.

EST AD

NIANES

CVLCT

REDEGE

Q·ANN

NIAN

ST AD RO

MORTVM

NIANE

CVLCT

ES DEGN

ANTE

Über das Miteinander

56. sine ira et stúdio

Herkunft:	Tácitus (um 55 – 116/120), Annalen I 1,3
Wörtlich:	Ohne Zorn und Eifer; ohne Zorn (über erlittene Zurückweisung) oder Vorliebe/Sympathie (in der Hoffnung auf Vorteile)
Bedeutung:	Sich möglichst neutral und objektiv zu äußern, wird am ehesten gelingen, je mehr man frei ist von Antipathie oder Wut über irgendeinen erlittenen Nachteil und von Sympathie für jemanden, dem man nahesteht oder von dem man sich etwas erhofft.
Beispiel:	Zeugen berichten häufig nicht objektiv, weil ihnen der Beschuldigte unsympathisch ist. Dessen Familienangehörige aber sind als Zeugen wenig glaubwürdig, weil sie kaum in der Lage sind, sine ira et stúdio auszusagen.
Vokabeln:	sine: *Präposition mit Ablativ* ohne ira, irae: *f* Zorn ▸ engl. irascible (leicht reizbar), frz. irascible, it. ira et: *Konjunktion* und, (*manchmal:*) auch stúdium, stúdii: *n* Bemühung; Neigung; Studium ▸ dt. Student, engl. study, studio, frz. étude, it. studio
Grammatik:	*ira*: Ablativ Singular Femininum *stúdio*: Ablativ Singular Neutrum

57. Audiatur et áltera pars!

Herkunft:	Séneca (um 4 – 65), Medea 199
Wörtlich:	Man soll auch die andere Seite hören: Gehör verdient auch die Gegenseite!

Bedeutung:	Zum Lösen eines Konflikts genügt es nicht, nur die Meinung der einen Partei zur Kenntnis zu nehmen. Die Überzeugungen und Bedürfnisse beider sollen ernstgenommen werden.
	Generell empfiehlt es sich, die Dinge von verschiedenen Seiten anzusehen, weil man sie so genauer erkennt und manchmal bemerkt, dass auch im Bösen etwas Gutes stecken kann oder umgekehrt.
Beispiel:	„Klar, dass man Arbeitsplätze sichern und neue schaffen muss. Aber wenn in Wohngebieten eine Industrieansiedlung geplant wird, sollte man sich wenigstens anhören, was die Anwohner dazu sagen."
	„Genau: Audiatur et áltera pars."
Vokabeln:	audíre, áudio, audívi, audítum: hören ▸ dt. auditiv, Auditorium, Audimax, Audienz, engl. audible, audience, auditor, frz. audible, audience, auditoire, it. udire, uditore
	et: *Konjunktion* und, (*manchmal:*) auch
	alter, áltera, álterum: der/die/das andere ▸ dt. Alternative, alternieren, engl. alternate, frz. autre, altérer, alternant, it. altro, alternativa, alterare
	pars, partis: *f* Teil ▸ dt. partiell, Partitur, Partition, partitionieren, engl. part, partial, particle, party, frz. part, parti, partie, partiel, it. partito, partitivo
Grammatik:	*audiatur*: 3. Person Singular Konjunktiv Präsens Passiv, Prädikat. Der Konjunktiv drückt als Optativ einen Wunsch aus: 'Es möge gehört werden!'
	áltera pars: Nominativ Singular, Subjekt
	Durch die Anfangsstellung wird das Prädikat *audiatur* betont, also: Es ist ganz wichtig, dass man zuhört, und zwar auch der Gegenseite.
	Beachten Sie die Kongruenz des Adjektivs *áltera* mit dem femininen Substantiv *pars*.

58. Cui bono?

Herkunft:	Cícero (106 – 43 v. Chr.), Pro Roscio Amerino 30, 84
Wörtlich:	Für wen <war das> gut? / In wessen Interesse?
Bedeutung:	Bei einem Verbrechen oder auch bei einer schwer verstehbaren Handlung sucht man nach möglichen Motiven, weil man annimmt, dass die Frage nach dem Täter von der nach dem möglichen Nutzen nicht zu trennen ist.
Beispiel:	Manchmal verschwinden aus einem Archiv Akten, ohne dass leicht zu erkennen wäre, wer davon Nutzen haben könnte. Da fällt es schwer die Frage 'Cui bono?' zu beantworten.
Vokabeln:	cui: (Dativ von quis, quid: Interrogativpronomen wer? was?) wem? bonus, bona, bonum: gut. Hier ist bonum Substantiv: das Gute ▶ dt. Bon, Bonität, Bonus, engl. bonus, frz. bon, it. buono
Grammatik:	cui: Wem? Für wen? (datīvus cómmodi) (Nicht: 'wofür'! Der Dativ zu quid 'was?' heißt nämlich cui rei 'für welche Sache? wofür?'). bono: Dativ des Zwecks/der Wirkung (datīvus finālis), der angibt, was bezweckt oder bewirkt wird, hier: etwas Gutes.

59. Sócius fit culpae, qui nocentem súblevat.

Herkunft:	Publílius Syrus (1. Jh. v. Chr.), Senténtiae 618
Wörtlich:	Zum Mitschuldigen wird, wer dem Übeltäter Hilfe leistet.

Bedeutung:	Wer einem Schuldigen hilft, sich der Strafe zu entziehen, macht sich mitschuldig. Das gilt auch für den, der einen Gesetzesverstoß vertuscht oder der Diebesgut versteckt, auch wenn er selbst daraus keinen Gewinn zieht.
Beispiel:	Gewalt in der Familie wird manchmal von den Familienmitgliedern vertuscht. Offenbar ist ihnen nicht klar, dass sie damit neuer Gewalt Raum geben und dass sie sich durch die Vertuschung mitschuldig machen; sie wissen nicht, dass auch hier gilt: *Sócius fit culpae, qui nocentem súblevat.*
Vokabeln:	sócius, sócia, sócium: gemeinsam; Verbündeter, Genosse ▸ dt. sozial, Sozietät, resozialisieren, engl. social, frz. social, associé (Gesellschafter, Teilhaber), it. socio (Gesellschafter, Teilhaber)
	fíeri, fío, factus sum: werden, geschehen; *(wird auch als Passiv zu* fácere *verwendet:)* gemacht werden
	culpa, culpae: *f* Schuld ▸ engl. culpability, culpable, frz. culpabilité, coupable, it. colpa
	qui, quae, quod: *Relativpronomen* welcher, welche, welches; der, die, das; wer, was
	nocens, nocentis: schuldig; Übeltäter ▸ frz. nuire, it. nuocere
	sublevare, súblevo, sublevávi, sublevatum *(mit Objekt im Akkusativ)*: unterstützen, helfen *(Objekt im Dativ)* ▸ frz. soulever (anheben, hochheben), it. sollevare
Grammatik:	*Sócius culpae* ist das Prädikatsnomen zu *fit*.
	fit: 3. Person Singular Indikativ Präsens zu *fíeri*, Prädikat des Hauptsatzes
	culpae ist Genitivattribut zu *sócius* es gibt an, worin das Gemeinsame besteht.
	Der Relativsatz *qui nocentem súblevat* ist das Subjekt zum Hauptsatz *Sócius fit culpae*: 'Wer wird mitschuldig?'

qui: Relativpronomen, Subjekt des Nebensatzes
nocentem: Akkusativ Singular, Objekt zu *sublevat*
súblevat: 3. Person Singular Indikativ Präsens, Prädikat des Nebensatzes

60. In dúbio pro reo
<iudicandum est>!

Herkunft:	Corpus Iuris Civilis, Digesta (533 n. Chr.) 50. 17,56
Wörtlich:	Im Zweifel <muss> für den Angeklagten <entschieden werden>!
Bedeutung:	Wenn die Schuld nicht zweifelsfrei erwiesen ist, muss der Angeklagte freigesprochen werden; denn es ist für das menschliche Zusammenleben besser, wenn ein Schuldiger straffrei bleibt, als wenn ein Unschuldiger bestraft wird. Andernfalls müsste jeder fürchten, eines Tages auf Grund einer falschen Beschuldigung bestraft zu werden, wenn er seine Unschuld nicht beweisen kann.
Beispiel:	„Wie? Der Bankangestellte, der Millionen verspekuliert hat, ist freigesprochen worden?" „Ja, man konnte ihm nicht zweifelsfrei schuldhaftes Verhalten nachweisen. Also musste auch hier gelten: In dúbio pro reo!"
Vokabeln:	*in*: *Präposition mit Ablativ* in, an, auf *dúbius, dúbia, dúbium*: zweifelhaft ▶ dt. dubios, engl. dubious, to doubt, frz. doute, douteux, it. dubbio *pro*: *Präposition mit Ablativ* vor; für, anstelle von *reus, rei*: *m* Angeklagter *iudicare, iúdico, iudicavi, iudicatum*: urteilen ▶ dt. Judikative, engl. judge, frz. juger, it. giudicare

Grammatik:	*dúbio*: Ablativ Singular Neutrum (substantiviertes Adjektiv)
	in dúbio: Adverbiale, im Zweifelhaften, im Zweifel
	reo: Ablativ Singular zu *reus*
	pro reo: Adverbiale
	Hinzuzudenken ist: *iudicandum est*. Das ist ein Gerundívum, das in Verbindung mit einer Form von *esse* ausdrückt, dass etwas geschehen muss/soll.

61. Ne bis in idem!

Herkunft:	Nach Quintilián, Institútio oratoria VII 6,4
Wörtlich:	Nicht zweimal gegen dasselbe!
Bedeutung:	Niemand soll zweimal wegen desselben Vergehens vor Gericht gestellt werden. Wenn das Verfahren sorgfältig durchgeführt worden ist, wäre seine Wiederholung reine Willkür.
	Im weiteren Sinn kann auch gemeint sein: Wenn eine Sache erledigt ist, soll sie als erledigt behandelt werden.
Beispiel:	„Wir haben gründlich über den Haushaltsplan beraten und ihn schließlich mit deutlicher Mehrheit beschlossen. Und jetzt wollen Sie ohne neue Argumente die ganze Beratung von vorn beginnen? Sie wissen doch, dass immer noch gilt: Ne bis in idem!"
Vokabeln:	*ne*: Konjunktion mit Konjunktiv damit nicht
	bis: Adverb zweimal ▶ dt. bisexuell, engl. biscuit, bisect (halbieren), frz. bis (Zugabe), bisser (wiederholen), bissexué, it. bis (da capo, noch einmal)
	in: Präposition mit Akkusativ auf die Frage „Wohin?" in, an, auf; gegen
	idem, éadem, idem: Demonstrativpronomen derselbe, dieselbe, dasselbe ▶ dt. identisch, Identität, engl. identical, frz. idem, identique, it. idem, identico

| Grammatik: | *ne* 'damit nicht' zeigt an, dass etwas nicht geschehen soll.
idem: Akkusativ Neutrum Singular, substantiviertes Pronomen
in idem: in Richtung auf dasselbe |

62. De internis praetor non iúdicat.

Herkunft:	Rechtsregel: Liebs D 19
Wörtlich:	Über das innen Befindliche urteilt der Prätor nicht: Über das, was im Inneren (eines Menschen) vorgeht, urteilt kein Richter.
Bedeutung:	Über das, was jemand fühlt oder denkt oder im Geiste plant, hat kein Gericht zu urteilen.
Beispiel:	Wer sich ausdenkt, wie er seinen bösen Nachbarn um Hab und Gut bringt, den kann man kaum dafür vor Gericht bringen, solange dem Gedanken keine Tat folgt: De internis praetor non iúdicat.

Vokabeln:	*de*: Präposition mit Ablativ von ... herab, über
	internus, interna, internum: innen befindlich
	  ▶ dt. intern, Internat, engl. internal, frz. interieur, it. interno
	praetor, praetoris: *m* Prätor, Anführer, Justizbeamter
	  ▶ it. pretura
	non: *Adverb* nicht
	iudicare, iúdico, iudicavi, iudicatum: urteilen
	  ▶ dt. Judikative, engl. judge, frz. juger, it. giudicare

Grammatik:	*de internis*: Adverbiale zu *iudicat*. Das Adjektiv *internus* ist hier substantiviert, im Plural Neutrum: *interna* 'die inneren Dinge, das innen Befindliche', *praetor*: Nominativ Singular, Subjekt *iudicat*: 3. Person Singular Indikativ Präsens, Prädikat

63. Nullo actore nullus iudex.

Herkunft:	Rechtsregel: Liebs N 166
Wörtlich:	Wenn es keinen Kläger gibt, gibt es auch keinen Richter. Wenn kein Kläger, dann kein Richter.
Bedeutung:	Wenn niemand Klage oder Anklage erhebt, werden die Gerichte nicht tätig. Es muss also entweder der Staatsanwalt aktiv werden oder ein Geschädigter oder jemand, der im Auftrag eines Geschädigten klagt.
Beispiel:	„Ball spielen verboten!" Wenn gegen dieses Verbot verstoßen wird, muss erst jemand Anzeige erstatten, zum Beispiel der Besitzer der Wiese oder ein Polizeibeamter. Andernfalls passiert nichts: Nullo actore nullus iudex.
Vokabeln:	nullus, nulla, nullum: *Indefinitpronomen* (*Genitiv:* nullíus, *Dativ:* nulli) kein ▶ dt. Null, annullieren, engl. nullify (annullieren), frz. nul, nullité, annuler, it. nulla, nullità actor, actoris *m* Akteur; Schauspieler; Kläger ▶ dt. Aktion, engl. actor (Schauspieler), frz. acteur (Schauspieler), it. attore (Schauspieler; Kläger) iudex, iudicis: Richter ▶ dt. Judikative, engl. judge, frz. juge, it. giudice
Grammatik:	*Nullo actore* ist ein die Gleichzeitigkeit ausdrückender Ablativus absolutus, dessen logisches Subjekt *actor* (hier: Kläger) ist: 'wenn der Kläger ein Nichts ist / keiner ist', 'wenn kein Kläger vorhanden ist'. *iudex* ist das Subjekt, *nullus* das Prädikatsnomen zu der zu ergänzenden Kópula *est* ('ein Richter ist keiner vorhanden').

64. Quod raro fit, non observant legislatores.

Herkunft:	Novellen Iustiniáns 94,2 Mitte (6. Jh.)
Wörtlich:	Was selten vorkommt, das berücksichtigen die Gesetzgeber nicht.
Bedeutung:	Die Gesetzgebung kann nicht alle Fälle vorherse-hen, da die politisch-sozialen und wirtschaftlichen Verhältnisse ständig im Fluss sind, und zwar immer wieder unvorhersehbar. Eine zu sehr auf den Einzelfall bezogene Regelung würde außerdem bei den Bürgern den Eindruck erwecken, alles nicht durch das Gesetz Verbotene sei erlaubt.
Beispiel:	Die Neigung, im Steuerrecht auch seltene Ereig-nisse gesetzlich zu regeln, in der Absicht, möglichst weitgehende Gerechtigkeit zu erzeugen, kann zu neuem Unrecht führen: nicht jeder kann sich einen Steuerberater leisten, der ihm den Weg durch den Gesetzesdschungel weist. Wahrscheinlich wäre es besser, wenn sich die Gesetzgeber an die alte Regel erinnerten: Quod raro fit, non observant legislatores.
Vokabeln:	qui, quae, quod: *Relativpronomen* welcher, welche, welches; der, die, das; wer, was rarus, rara, rarum: selten ▸ dt. Rarität, engl. rare, rarity, frz. rare, rareté, it. raro fíeri, fio, factus sum: werden, geschehen; *(wird auch als Passiv zu* fácere *verwendet:)* gemacht werden non: *Adverb* nicht observáre, observo, observávi, observátum: beobachten ▸ dt. Observatorium, engl. observe, frz. observe, it. osservare legislator, legislatóris: *m* Gesetzgeber ▸ dt. Legislati-ve, engl. legislator, frz. législateur, it. legislatore

Grammatik:	*quod*: Relativpronomen, Nominativ Singular Neutrum, Subjekt zu *fit*
	raro: Adverb von *rarus*, Adverbiale zu *fit*
	fit: 3. Person Singular Indikativ Präsens, Prädikat des Nebensatzes
	Der Relativsatz *Quod raro fit* ist das Objekt zu dem Prädikat des Hauptsatzes (*non observant*).
	observant: 3. Person Plural Indikativ Präsens, Prädikat des Hauptsatzes; dessen Subjekt ist *legislatores* (Nominativ Plural)
	Das Subjekt *legislatores* steht zur Betonung am Ende des Hauptsatzes ('Andere mögen sich für seltene Ereignisse interessieren, die Gesetzgeber jedenfalls tun das nicht').
	Der vorn stehende Nebensatz *Quod rārō fit* enthält das Thema des Ganzen ('Seltene Vorgänge'), der folgende Hauptsatz *nōn observant lēgislātōrēs* das Rhema (= das, was zu dem Thema gesagt wird).

65. Non omne, quod licet, honestum est.

Herkunft:	Corpus Iuris Civilis, Digesta (533 n. Chr.) 50. 17,144 pr
Wörtlich:	Es ist nicht alles, was erlaubt ist, anständig/ehrenhaft.
Bedeutung:	Man darf zwar vieles tun, weil es ja nicht verboten ist. Jedoch ist damit noch nicht gesagt, dass es auch anständig ist.
Beispiel:	Manche Spitzenverdiener, die in ihrem Heimatland eine gute Erziehung und Ausbildung genossen haben, verlegen ihren Wohnsitz ins Ausland, weil sie dort weniger Steuern bezahlen müssen. Das ist natürlich nicht verboten, aber sie sollten doch bedenken: Non omne, quod licet, honestum est.

Vokabeln:	non: *Adverb* nicht
	omnis, omnis, omne: all, jeder, ganz ▶ dt. Omnibus, Omnipotenzphantasien, engl. omniscient, frz. omnipotence, omniprésence, it. onnipresente
	qui, quae, quod: *Relativpronomen* welcher, welche, welches; der, die, das; wer, was
	licere, licet, lícuit, - : es ist erlaubt, es steht frei ▶ dt. Lizenz, engl. licence, frz. licence, it. licenza
	honestus, honesta, honestum: ehrenhaft, anständig, sittlich-gut ▶ dt. Honoratioren, engl. honest, frz. honnête. honnêteté, it. onesto
	esse, sum, fui, (futurus): sein ▶ dt. Futur, engl. future, frz. être, futur, it. essere, futuro
Grammatik:	*omne* ist das Subjekt zum Prädikat des Hauptsatzes *honestum est*.
	honestum ist das Prädikatsnomen zur Kópula *est*. Der Relativsatz *quod licet* enthält die inhaltliche Erläuterung zu *omne*.
	quod: Nominativ Singular Neutrum, Subjekt zu *licet*, dem Prädikat des Nebensatzes
	Durch das am Satzanfang stehende *non* wird die gesamte Aussage verneint. Man kann das durch Paraphrasierung verdeutlichen: 'Es trifft nicht zu, dass alles, was erlaubt ist, ehrenhaft ist.'

66. Quod non rite factum est, pro infecto habetur.

Herkunft:	Rechtsregel: Liebs Q 107
Wörtlich:	Was nicht formgerecht geschehen ist, wird als nicht geschehen betrachtet.

Bedeutung:	Soweit es Formvorschriften für ein Rechtsgeschäft gibt, müssen diese beachtet werden, sonst gilt das Geschäft in der Regel als nicht abgeschlossen. Im antiken Rom sprach der Priester dem Beamten die Formel für ein Gelübde vor, weil ein falsches Wort das Gelübde ungültig gemacht hätte.
Beispiel:	„Meine Tante Anna ist gestorben. Aber ich habe nichts geerbt, obwohl ich doch in ihrem Testament genannt bin! Ich weiß das, weil sie mir ihren Letzten Willen in den Computer diktiert hat." „Ach, ihr wusstet wohl nicht, dass ein Testament, soweit es nicht vor dem Notar erfolgt, handschriftlich abgefasst und unterschrieben sein muss und außerdem mit Angabe von Datum und Ort versehen sein soll. Sonst ist es ungültig: *Quod non rite factum est, pro infecto habetur.*"
Vokabeln:	qui, quae, quod: *Relativpronomen* welcher, welche, welches; der, die, das; wer, was non: *Adverb* nicht rite: *Adverb* nach dem Brauch, nach der Vorschrift ▸ dt. Ritus, Ritual, rituell, engl. rite, frz. rite, rituel, it. rito fíeri, fio, factus sum: werden, geschehen; *(wird auch als Passiv zu* fácere *verwendet:)* gemacht werden pro: *Präposition mit Ablativ* vor; für, anstelle von infectus, infecta, infectum: ungeschehen habere, hábeo, hábui, hábitum: haben, halten *(mit 2 Akkusativen:* halten für) ▸ dt. Habitus, engl. habit (Gewohnheit; gewandt), frz. avoir, habit, it. avere, abitudine (Gewohnheit)

Grammatik:	*quod*: Nominativ Singular Neutrum, Subjekt des Nebensatzes
	rite ist Adverbiale zu *factum est*.
	non verneint *rite*, es fehlt also die formale Richtigkeit.
	factum est: entweder Perfekt Passiv zu *fácere* 'es ist gemacht worden' oder Perfekt zu *fíeri* 'es ist geschehen'.
	Der Relativsatz *Quod non rite factum est* ist das Subjekt des Hauptsatzprädikats *pro infecto habetur*.
	pro infecto besetzt die Stelle des Prädikatsnomens zu *habetur*.
	habetur: 3. Person Singular Indikativ Präsens Passiv
	haberi: angesehen werden als, gehalten werden für
	Der vorn stehende Relativsatz *Quod nōn rītē factum est* nennt das Thema des Ganzen ('Verletzung von Formvorschriften'), der Hauptsatz *prō īnfectō habētur* enthält das Rhema (= das, was zu dem Thema gesagt wird).

67. Quod non est in actis, non est in mundo.

Herkunft:	Bildungssprachlich
Wörtlich:	Was nicht in den Akten ist, ist nicht in der Welt.
Bedeutung:	Bei schriftlichen Verträgen müssen auch alle Nebenabsprachen aufgeschrieben werden. Bei Gerichtsverfahren ist für das Urteil nur das von Bedeutung, was auch protokolliert worden ist. Schriftlichkeit ist auch bei Verwaltungsvorgängen nötig.
Beispiel:	Kindergeld können Eltern erst bekommen, wenn ihr Kind beim Standesamt ins Geburtsregister eingetragen ist; denn vorher gilt das Kind als nicht existent: Quod non est in actis, non est in mundo.

Vokabeln:	qui, quae, quod: *Relativpronomen* welcher, welche, welches; der, die, das; wer, was
	non: *Adverb* nicht
	acta, actorum: *n* die getanen Dinge, hier: die Akten ▶ engl. act, frz. act, it. atto
	esse, sum, fui, (futurus): sein ▶ dt. Futur, engl. future, frz. être, futur, it. essere, futuro
	in: *Präposition mit Ablativ auf die Frage „Wo?"* in, an, auf
	mundus, mundi: *m* Welt ▶ dt. mondän, frz. mond, mondain, it. mondo
Grammatik:	*quod:* Relativpronomen, Nominativ Singular Neutrum, Subjekt zu *est*
	est ist hier Vollverb: es ist vorhanden, existiert.
	actis: Ablativ Plural
	in actis: Adverbiale des Ortes zu *est*
	non est in mundo ist der Hauptsatz.
	mundo: Ablativ Singular
	in mundo: Adverbiale des Ortes zu *est*
	Das Subjekt zu *est* ist der Relativsatz *quod non est in actis.*
	Der vorn stehende Relativsatz nennt das Thema ('Was in den Akten fehlt'), der folgende Hauptsatz *non est in mundo* enthält das Rhema (= das, was zu dem Thema gesagt wird: 'Das existiert überhaupt nicht').
	Beachten Sie den parallelen Satzbau (gleiche Reihenfolge der Satzglieder): *non est in actis – non est in mundo.*

68. Duo cum fáciunt idem, non est idem.

Herkunft:	Nach Terénz (um 195 – 159 v. Chr.), Adélphoe 823-825
Wörtlich:	Wenn zwei dasselbe tun, ist es nicht dasselbe.
Bedeutung:	Um zu beurteilen, ob zwei Handlungen tatsächlich gleich sind, muss man den Täter, das Motiv und die Umgebung mitbetrachten.
Beispiel:	Wenn eine allein erziehende Mutter, die auf Sozialhilfe angewiesen ist, fünf Euro für die Katastrophenhilfe spendet und ein reicher Geschäftsmann spendet ebenfalls fünf Euro, so haben beide Spenden für die Katastrophenopfer dieselbe Wirkung, und trotzdem gilt: Duo cum fáciunt idem, non est idem.
Vokabeln:	duo, duae, duo: zwei ▸ dt. Duett, Duo, engl. duet, frz. deux, it. duo, duetto cum: *Konjunktion mit Indikativ* wenn (*zeitlich*: wenn, dann), sooft fácere, fácio, feci, factum: tun, machen ▸ dt. Fakt, Affäre, engl. fact, frz. faire, faisable (machbar), it. fare idem, éadem, idem: *Demonstrativpronomen* derselbe, dieselbe, dasselbe ▸ dt. identisch, Identität, engl. identical, frz. idem, identique, it. idem, identico non: *Adverb* nicht esse, sum, fui, (futurus): sein ▸ dt. Futur, engl. future, frz. être, futur, it. essere, futuro

Grammatik:	*duo*: Subjekt zu *fáciunt* *fáciunt*: 3. Person Plural Indikativ Präsens, Prädikat des Hauptsatzes *idem*: Akkusativ Singular Neutrum, Objekt zu *fáciunt* Die den Nebensatz einleitende, hier an zweiter Stelle stehende Konjunktion *cum* ist temporal zu verstehen (dann, wenn; sooft), wie man aus dem Indikativ *fáciunt* und dem Sinn des Ganzen ersehen kann. *fácere* gehört zu den Verben mit Dehnungsperfekt (*feci*).

69. Do, ut des.

Herkunft:	Corpus Iuris Civilis, Digesta (533 n. Chr.) 19. 5,5 pr.
Wörtlich:	Ich gebe, damit du gibst.
Bedeutung:	Der Satz betont die Gegenseitigkeit bei Verträgen. Aber nicht nur im juristischen Bereich hat dieses Prinzip Bedeutung. Es war schon in archaischen Zeiten und Kulturen ein Versuch, das Miteinander der Menschen zu regeln. Auch die Götter glaubte man für sich gewinnen zu können, indem man ihnen Opfer brachte. Nach christlicher Lehre wird in unterschiedlicher Weise die Gnade und Güte Gottes nicht als Gegengabe für gute Werke oder Gebete angesehen, die guten Werke gelten eher als Dank für die göttliche Gnade. Dennoch verbinden auch Christen in einer schwierigen Lage zuweilen, um erhört zu werden, ihr Gebet mit einem Gelübde.
Beispiel:	Um einen Vertrag auf Gegenseitigkeit geht es auch, wenn man vom Bäcker ein Weißbrot verlangt und der dafür einen angemessenen Geldbetrag erwartet: Do, ut des.

Vokabeln:	dare, do, dedi, datum: geben ▶ Dativ, Datum, datieren, engl. dative, date, datum, data, frz. datif, dater, it. dare, datare ut: *finale Konjunktion mit Konjunktiv* dass, damit
Grammatik:	do: Hauptsatz, Prädikat, sein Subjekt (ich) ist durch die Personalendung (-o) ausgedrückt. ut des: Finalsatz, der angibt, zu welchem Zweck / in welcher Absicht das im Hauptsatz genannte Ich gibt. des: 2. Person Singular Konjunktiv Präsens, Prädikat des Nebensatzes; das Subjekt (du) steckt in der Personalendung (-s). ut des könnte man auch konsekutiv auffassen (konsekutives ut: so dass, also: 'so dass du gibst'). Das würde aber voraussetzen, dass man den Empfangenden als Automaten einschätzt, der nach Einwurf einer Münze das gewünschte Objekt auswirft. dare gehört zu den Verben mit Reduplikationsperfekt (Verdoppelung des Stammkonsonanten, hier d: dedi).

70. Benefícia plura récipit, qui scit réddere.

Herkunft:	Publílius Syrus (1. Jh. v. Chr.), Senténtiae 51
Wörtlich:	Mehr Wohltaten empfängt, wer sie zu erwidern weiß.
Bedeutung:	Wenn jemand etwas Gutes von einem anderen erfährt und darauf seinerseits mit etwas Gutem reagiert, wird ihm wahrscheinlich häufiger etwas Gutes getan werden.
Beispiel:	Die Tante schenkt ihrem kleinen Neffen ein schönes Spielzeug und der bedankt sich mit einem strahlenden Lächeln. Wahrscheinlich wird er bei nächster Gelegenheit wieder ein Geschenk von der Tante bekommen: Benefícia plura récipit, qui scit réddere.

Vokabeln:	benefícium, benefícij: *n* Wohltat, Gefälligkeit *(eine gute Tat, zu der man nicht verpflichtet ist und die auch nicht aus rein egoistischen Gründen erfolgt)* ▶ dt. Benefizkonzert, engl. benefit, beneficence, beneficent, benefice (Pfründe), frz. bénéficier, bénéfice (Vorteil, Nutzen, Profit), it. beneficio, benefico, beneficare
	plu̱res, plu̱ra: mehr, zahlreichere ▶ dt. Plural, Pluralität, Pluralismus, engl. plural, plurality, frz. plural, pluralité, it. plurale, pluralismo, pluralità
	recípere, recípio̱, recepi̱, receptum: (zurück)bekommen, erhalten ▶ dt. rezipieren, Rezept, Rezeption, engl. receive, reception, receptionist, recipe (Rezept), recipient, frz. recevoir, récépissé (Empfangsbescheinigung), it. recipiente (Behälter), ricetta (Rezept), ricevere, ricettatore (Hehler)
	qui̱, quae, quod: *Relativpronomen* welcher, welche, welches; der, die, das; wer, was
	sci̱re, scio̱, sci̱vi̱, sci̱tum: wissen, kennen ▶ dt. Plebiszit, engl. science, scientific, scientist, frz. science, scientifique, plebiscite, it. scienza, scienzato; plebiscito
	réddere, reddo̱, réddidi̱, rédditum: zurückgeben ▶ frz. reddition (militärisch: Übergabe nach Kapitulation)
Grammatik:	*benefícia plu̱ra*: Akkusativ Plural Neutrum 'zahlreichere Wohltaten', Objekt zu *recípit* wie auch zu *réddere*
	récipit: 3. Person Singular Indikativ Präsens, Prädikat des Hauptsatzes
	Das Subjekt zu *récipit* ist der Nebensatz *qui̱ scit réddere* ('der des Erwiderns Kundige empfängt').
	qui̱: Nominativ Singular, Subjekt zu *scit*
	scit: 3. Person Singular Indikativ Präsens, Prädikat des Nebensatzes

Der Hauptsatz *Beneficia plūra recipit* enthält das Thema ('Wie kommt man an mehr Wohltaten?'), der Nebensatz *quī scit reddere* enthält das Rhema (die Aussage): 'Man muss die Wohltaten erwidern'. Beachten Sie die Kongruenz des Adjektivs *plūra* mit dem neutralen Substantiv *beneficia*.

réddere gehört zu den Verben mit Reduplikationsperfekt (Verdoppelung des Stammkonsonanten, hier d: *réddidi*).

recípere gehört zu den Verben mit Dehnungsperfekt (*recēpi*).

71. Suum cuique!

Herkunft:	Cícero (106 – 43), De légibus I 19
Wörtlich:	Jedem das Seine!
Bedeutung:	Diese Forderung setzt voraus, dass sich die Menschen in ihren Fähigkeiten und Leistungen, ihrem Charakter, ihren Wünschen unterscheiden, und folgert daraus, dass ihnen deswegen jeweils Unterschiedliches zusteht. Was aber ist 'das Seine'? Die eigentlich als Definition von Gerechtigkeit gedachte Redewendung wird zuweilen auch zitiert, um tadelnd zu sagen, jemand habe es nicht besser verdient.
Beispiel:	Wer sich nicht selbst nach Kräften bemüht, wird wohl kaum jemanden finden, der sich für ihn einsetzt. Viele werden sagen, er habe durch seine Untätigkeit seine schlechte Lage selbst verschuldet: Suum cuique!
Vokabeln:	suus, sua, suum: *Possessivpronomen* sein/ihr quisque: *Indefinitpronomen* jeder (für sich), jeder einzelne

Grammatik:	*suum*: Neutrum, substantiviertes Posessivpronomen: das Seine *cuique*: Dativ zu *quisque*

72. Volenti non fit iniúria.

Herkunft:	Corpus Iuris Civilis, Digesta (533 n. Chr.) 47.10,1,5
Wörtlich:	Dem, der einwilligt, geschieht kein Unrecht.
Bedeutung:	Ob ein Unrecht geschieht, hängt manchmal auch von der Einstellung des Betroffenen ab.
Beispiel:	Wenn ein Arzt jemanden am Blinddarm operieren würde, wäre das – außer im Notfall – Körperverletzung, wenn der Patient nicht vorher in die Operation eingewilligt hätte. Liegt die Einwilligung vor, so gilt: Volenti non fit iniúria.
Vokabeln:	velle, volo, vólui, – : wollen ▶ dt. Volontär, engl. voluntary, volunteer, frz. vouloir, it. volere, volentieri non: *Adverb* nicht fíeri, fio, factus sum: werden, geschehen; *(wird auch als Passiv zu* fácere *verwendet:)* gemacht werden iniúria, iniúriae: *f* Unrecht ▶ dt. Verbalinjurie, frz. injure (Beleidigung), it. ingiuria
Grammatik:	*volenti* ist der Dativ Singular des Partizips Präsens von *velle*. Das Partizip ist hier als Substantiv gebraucht: dem Wollenden. *fit*: 3. Singular Indikativ Präsens zu *fíeri*, Prädikat. Durch das davor stehende *non* wird der ganze Satz verneint. Das kann man verdeutlichen durch die Paraphrasierung: 'Es trifft nicht zu, dass dem, der einwilligt, Unrecht geschieht'. *iniúria*: Nominativ Singular, Subjekt zu *fit*

73. Sola cogitátio furti faciendi non facit furem.

Herkunft:	Corpus Iuris Civilis, Digesta (533 n. Chr.) 47,2,1,1
Wörtlich:	Die bloße Absicht, einen Diebstahl zu begehen, macht keinen <zum> Dieb.
Bedeutung:	Wer mit dem Gedanken spielt, etwas Unrechtes zu tun, ist damit noch kein Gesetzesbrecher. Erst wenn die Vorbereitung einer Straftat über das Nachdenken hinausgeht, also in der Realität nachweisbar ist, kann man bestraft werden.
Beispiel:	„Ich bin total pleite! Ich habe mir schon überlegt, ob ich nicht doch meinen wundervollen Biedermeier-Schreibtisch teuer verkaufen soll." „Aber du weißt, dass er nicht echt ist. Also wäre das Betrug!" „Darüber nachzudenken ist ja wohl noch erlaubt! Sola cogitátio furti faciendi non facit furem."
Vokabeln:	solus, sola, solum: (*Genitiv:* solius, *Dativ:* soli) allein ▸ dt. Solo, Solist, Solitär, engl. solo, soloist, frz. solo, solitaire, soliloque (Selbstgespräch), it. solo cogitátio, cogitationis: *f* Denken, Nachdenken ▸ engl. cogitation, frz. cogiter, it. cogizacione furtum, furti: *n* Diebstahl ▸ it. furto non: *Adverb* nicht fácere, fácio, feci, factum: tun, machen ▸ dt. Fakt, Affäre, engl. fact, frz. faire, faisable (machbar), it. fare fur, furis: *m* Dieb

Grammatik:	*cogitátio furti faciendi*: das Nachdenken über das Begehen eines Diebstahls, Subjekt. Der Genitiv *furti faciendi* enthält das logische Objekt zu *cogitátio*, das, worüber man nachdenkt; daher nennt man ihn *genitivus obiectivus*), Subjekt.
	furti faciendi: *faciendi* ist ein Gerundívum, das als Ersatz für das nicht existierende Partizip Präsens oder Futur Passiv anzusehen ist: 'das Nachdenken über einen Diebstahl als einer Handlung, die ausgeführt <werden> wird'. Dieses 'prädikative Gerundívum' wird im Deutschen oft mit Infinitiv plus 'zu' wiedergegeben: 'einen Diebstahl zu begehen'.
	Sola: Prädikativum, gemeint ist nicht 'das alleinige Nachdenken', sondern das Nachdenken als alleiniges, also 'das Nachdenken allein' (ohne weitere Aktivität).
	facit: 3. Person Singular Indikativ Präsens, Prädikat *facit furem*: 'macht keinen Dieb' oder: 'macht <keinen> zum Dieb'.
	Beachten Sie die Alliteration (Stabreim): *furti faciendi* – *facit furem*.
	fácere gehört zu den Verben mit Dehnungsperfekt (*feci*).

74. Óderint, dum métuant.

Herkunft:	Ausspruch des Atreus in einer Tragödie des Áccius (um 170 – 86 v. Chr.), zitiert in Cíceros (106 – 43 v. Chr.) Rede Pro Séstio 102 (Wahlspruch des Kaisers Calígula, 37 – 41)
Wörtlich:	Mögen sie hassen, wenn sie nur fürchten. Sollen sie mich doch hassen, solange sie mich fürchten.

Bedeutung:	Wer so spricht, der missachtet die ihm untergebenen Menschen. Solange sie Angst vor ihm haben, glaubt er, sie nach Belieben behandeln zu können. Ihre Abneigung scheint ihm gleichgültig, solange er erreicht, was er für wichtig hält.
	Vielleicht ist er aber auch verbittert, weil er nicht die erhoffte Anerkennung der ihm Untergebenen findet.
Beispiel:	In diktatorischen Staaten verfahren wohl die meisten politisch Mächtigen nach dem Motto 'Óderint, dum métuant', auch wenn sie vielleicht behaupten, sie liebten ihr Volk.
	Der Anschein aber einer solchen Einstellung kann überall entstehen, wo hierarchische Strukturen herrschen. So hat schon der berühmte Quintilián (35 – 100, Verfasser eines Lehrbuchs über die Erziehung zum Redner) geglaubt, feststellen zu müssen, dass manche Lehrer ihre Schüler so tadelten, als ob sie sie hassten.
Vokabeln:	odisse, odi: (Perfekt mit präsentischer Bedeutung) hassen ▸ engl. odium, odious, frz. odieux (schändlich), it. odiare
	dum: Konjunktion mit Konjunktiv solange nur, wenn nur
	metúere, métuo, métui, – : fürchten
Grammatik:	óderint: 3. Person Plural Konjunktiv Perfekt zum Ausdruck eines Wunsches, Prädikat des Hauptsatzes. Da odi präsentische Bedeutung hat, entspricht óderint einem Konjunktiv Präsens.
	Der Wunsch wird hier eingeschränkt durch den Nebensatz dum métuant (3. Person Plural Konjunktiv Präsens) 'wenn sie nur fürchten', d.h. der Wunsch gilt nur so lange, wie der Sprecher sicher sein kann, dass er gefürchtet wird.
	Das Subjekt (sie) wird nicht genannt, es steckt nur in der Personalendung der beiden Prädikate (-nt).

75. Quod non fecerunt bárbari, fecerunt Barberini.

Herkunft:	Carlo Castelli (1565 – 1639)
Wörtlich:	Was die Barbaren nicht gemacht haben, haben die Barberíni gemacht.
Bedeutung:	Der Ausspruch bezieht sich auf die Zerstörung von Bauten im antiken Rom. Zerstörungen durch Kriege sind unvermeidbar, aber weitere erfolgen oft im Frieden.
Beispiel:	Dem Papst Urban VIII. (1623-1644) aus der vornehmen Familie der Barberíni hat man Vorwürfe gemacht, weil er die Bronze aus dem Portal des gut erhaltenen Pantheons geraubt hat, um daraus den Baldachin im Petersdom und Kanonen im Castel Sant'Angelo ('Engelsburg') zu machen. Diese Beschädigung eines intakten Gebäudes wurde kritisiert mit dem Satz: Quod non fecerunt bárbari, fecerunt Barberíni. So wird heute beklagt, dass man nach dem Kriege viele nur teilweise zerstörte Gebäude abgerissen hat, statt sie wiederherzustellen. Aber ob heute die Leute wohl in den engen Gässchen mit ihren winzigen Wohnungen wohnen wollten?
Vokabeln:	qui, quae, quod: *Relativpronomen* welcher, welche, welches; der, die, das; wer, was non: *Adverb* nicht fácere, fácio, feci, factum: tun, machen ▶ dt. Fakt, Affäre, engl. fact, frz. faire, faisable (machbar), it. fare bárbarus, bárbari: *m* Ausländer, Fremder, Barbar (aus dem griechischen bálbalos: der, der immer nur unverständliche Laute lallt) ▶ engl. barbarian, frz. barbare, it. barbaro Barberíni, orum: die Barberíni (mittelalterliches Adelsgeschlecht in Rom)

quod: Akkusativ Singular Neutrum, Objekt zu *fecerunt*
fecerunt: 3. Person Plural Indikativ Perfekt, Prädikat des Nebensatzes
bárbari: Nominativ Plural, Subjekt zu *fecerunt*.
Der Relativsatz *Quod non fecerunt bárbari* ist das Objekt zum Hauptsatzprädikat *fecerunt*.
Barberini: Nominativ Plural, Subjekt des Hauptsatzes
Dadurch dass bei beiden Sätzen das Subjekt hinter dem Prädikat steht, wird der Vorwurf verschärft: 'Die *Barberini* sind nichts anderes als die Barbaren'. Die gleiche Wirkung entsteht durch die Alliteration (den gleichen Wortanfang) bei *bárbari* und *Barberini*.
fácere gehört zu den Verben mit Dehnungsperfekt (*feci*).

76. Benefícium qui dedisse se dicit, petit.

Herkunft:	Publílius Syrus (1. Jh. v. Chr.), Senténtiae 58
Wörtlich:	Wer sagt, er habe eine Wohltat erwiesen, fordert <eine>.
Bedeutung:	Die Erwähnung eigener guter Taten ist oft eine verschleierte Rückforderung.
Beispiel:	„Lange nicht gesehen! Wie geht es dir denn?" „Danke, gut." „Das ist ja schön. Weißt du noch, wie ich dir vor fünf Jahren aus der Patsche geholfen habe, als du richtig pleite warst?" „Ich verstehe! Anscheinend brauchst du Geld. Wie sagt doch der Lateiner? Benefícium qui dedisse se dicit, petit."

Vokabeln:	benefícium, benefícii: *n* Wohltat, Gefälligkeit *(eine gute Tat, zu der man nicht verpflichtet ist und die auch nicht aus rein egoistischen Gründen erfolgt)* ▶ dt. Benefizkonzert, engl. benefit, beneficence, beneficent, benefice (Pfründe), frz. bénéficier, bénéfice (Vorteil, Nutzen, Profit), it. beneficio, benefico, beneficare
	qui, quae, quod: *Relativpronomen* welcher, welche, welches; der, die, das; wer
	dare, do, dedi, datum: geben ▶ Dativ, Datum, datieren, engl. dative, date, datum, data, frz. datif, datation, dater, it. dare, datare
	se: *Reflexivpronomen im Akkusativ* sich
	dicere, dico, dixi, dictum: *(mit AcI)* sagen ▶ Diktion, diktieren, Diktat, engl. dictionary, frz. dire, it. dire
Grammatik:	*benefícium* ist als erstes Wort des Satzgefüges das Akkusativobjekt zu *dedisse* und gleichzeitig zu dem Hauptsatzprädikat *petit*.
	dedisse: Infinitiv Perfekt
	se dedisse ist ein vorzeitiger AcI (Akkusativ mit Infinitiv), *se* ist das logische Subjekt zu dem Infinitiv *dedisse*; der ganze AcI ist das Objekt zu *dicit*.
	dicit: 3. Person Singular Indikativ Präsens, Prädikat des Nebensatzes
	Das Subjekt zu dem Hauptsatzprädikat *petit* (3. Person Singular Indikativ Präsens) ist der Nebensatz *Benefícium qui dedisse se dicit:* 'Der an eine Wohltat Erinnernde fordert eine Wohltat.'
	dare gehört zu den Verben mit Reduplikationsperfekt (Verdoppelung des Stammkonsonanten, hier d: *dedisse*).
	dicere gehört zu den Verben mit s-Perfekt *(dixi)*.

EST AD

NIANES

CVLCT

REDEGE

Q·ANN

NIAN

EST AD RO

MORTVM

NIANE

CVLCT

ES DEGN

ANTE

Über das Handeln

77. Amici, hódie diem pérdidi.

Herkunft:	Titus (39 – 81) bei Suetón (um 75 – um 150), De vita Cáesarum 8,1
Wörtlich:	Freunde, heute habe ich einen Tag verloren/ vergeudet.
Bedeutung:	„Amici, hódie diem pérdidi", sagte Kaiser Titus (79 – 81 n. Chr.) abends zu Freunden, als er bemerkte, dass er an diesem Tage für niemanden etwas geleistet hatte. Offenbar kam ihm ein so verbrachter Tag als nicht sinnvoll vor. Dem Spruch entspricht die Losung der Pfadfinder: Jeden Tag eine gute Tat!
Beispiel:	„Wie war dein Urlaub?" „Danke, das Wetter war sehr schön, das Quartier war gut, das Essen ausgezeichnet. Aber irgendwie war es auch öde, den ganzen Tag am Strand zu liegen. Ich hätte doch besser mit unserer Gemeinde als Betreuer der Jugendgruppe in die Berge fahren sollen. Jetzt komme ich mir ein bisschen vor wie der Kaiser Titus bei seinem Ausspruch: Amici, hódie diem pérdidi."
Vokabeln:	amicus, amici: *m* Freund ▸ frz. ami, amitié, it. amico, amicizia hódie: *Adverb (aus:* hoc die *an diesem Tag)* heute ▸ frz. aujourd'huit, it. oggi dies, diei: *m/f* Tag (auch Termin) ▸ frz. diurne, it. dì pérdere, perdo, pérdidi, pérditum: verlieren, zugrunde richten ▸ dt. perdú, engl. perdition (ewige Verdammnis), frz. perdre, it. perdere, perdita
Grammatik:	amici: (hier:) Vokativ Plural hódie: Adverbiale zu pérdidi diem: Akkusativobjekt zu pérdidi pérdere gehört zu den Verben mit (Verdopplung des Stammkonsonanten, hier d: pérdidi).

78. Quid sit futurum cras, fuge quáerere!

Herkunft:	Horáz (65 – 8 v. Chr.), Cármina, I 9
Wörtlich:	Was morgen sein wird, <das> zu erfragen meide! Hüte dich davor zu fragen, was morgen sein wird!
Bedeutung:	Mit Spekulationen darüber, was einem vielleicht am nächsten Tag passieren wird, soll man keine Zeit und Kraft vergeuden. Man soll bewusst im Heute leben. Allerdings ist nicht gemeint, dass man unterlassen solle, danach zu fragen, welche Folgen das eigene Handeln oder Abwarten höchstwahrscheinlich haben wird.
Beispiel:	Viele junge Menschen scheuen sich, eine feste Verbindung einzugehen, weil sie gehört haben, jede dritte Ehe gehe zu Bruch. Die Angst davor, was vielleicht die Zukunft bringen wird, hindert sie, für die Gegenwart eine Entscheidung zu treffen. Ihnen will der Spruch Mut machen: Quid sit futurum cras, fuge quáerere!
Vokabeln:	quis, quid: *Interrogativpronomen* wer?, was? esse, sum, fuí, (futúrus): sein ▸ dt. Futur, engl. future, frz. être, futur, it. essere, futuro futúrus, futúra, (futúrum): (*Partizip Futur zu esse*) zukünftig cras: *Adverb* morgen ▸ engl. procrastinate, frz. procrastination, it. procrastinare (auf den nächsten Tag verschieben) fúgere, fúgio, fúgi, (fugitúrus): fliehen, fliehen vor, meiden ▸ engl. fugitive, frz. fuir, fugitif, it. fuggire quáerere, quaero, quaesívi, quaesítum: (suchen, erwerben, *meist:*) erfragen ▸ dt. Inquisition, exquisit, engl. query, question, frz. question, questionner, it. questione (Problem, offene Frage)

Grammatik: *quid* ist das Subjekt zu *futurum sit*.
futurum sit: 3. Person Singular Neutrum, Konjunktiv zum Ausdruck der Nachzeitigkeit im abhängigen Fragesatz. Der Fragesatz *Quid sit futurum cras* ist das Objekt zu *quáerere* ('Was sollst du nicht erfragen?').
cras: Adverbiale zu *futurum sit*
fuge: Imperativ Singular zu *fúgere*, Prädikat des Hauptsatzes
Beachten Sie die Kongruenz des Partizips *futurum* mit dem neutralen Interrogativpronomen *quid*.
fúgere gehört zu den Verben mit Dehnungsperfekt (*fugi*).

79. Nusquam est, qui ubique est.

Herkunft:	Séneca (um 4 – 65), Epístulae morales II 2
Wörtlich:	Nirgends ist, wer überall ist.
Bedeutung:	Wer gleichzeitig eine große Anzahl von Plänen und Projekten verfolgt, wird in seinen Gedanken wahrscheinlich niemals ganz dort sein, wo er sich gerade befindet. Während er sich mit einer Sache beschäftigt, ist er im Geiste schon bei einer anderen.
Beispiel:	„War es schön im Konzert?" „Ja, schon. Aber ich musste die ganze Zeit daran denken, wie viele Kunden ich vor dem Wochenende noch besuchen muss und was noch alles auf meinem Schreibtisch liegt." „Ja, das hat schon Seneca kommentiert: Nusquam est, qui ubique est."

Vokabeln:	nusquam: *Adverb* nirgends
	esse, sum, fui, (futurus): sein ▶ dt. Futur, engl. future, frz. être, futur, it. essere, futuro
	qui, quae, quod: *Relativpronomen* welcher, welche, welches; der, die, das; wer, was
	ubique: *Adverb* überall ▶ dt. ubiquität, engl. ubiquitous, frz. ubiquité, it. ovunque
Grammatik:	*est*: 3. Person Singular Indikativ Präsens, Prädikat des Hauptsatzes, *est* ist hier Vollverb: er befindet sich, ist vorhanden.
	nusquam: Adverbiale zu *est*
	qui: Nominativ Singular Maskulinum, Subjekt des Nebensatzes.
	Der Relativsatz *qui ubique est* ist das Subjekt des Hauptsatzes *nusquam est*.

80. Perículum in mora.

Herkunft:	Nach Lívius (59 vor – 17 n. Chr.), Ab urbe cóndita XXXVIII 25,13
Wörtlich:	Gefahr im Verzug. Wenn man <jetzt> untätig bleibt, so ist das gefährlich.
Bedeutung:	In vielen Situationen darf man nicht abwarten, sondern muss umgehend reagieren, um einer gefährlichen Zuspitzung zuvorzukommen. Das gilt auch, wenn bei behördlichen Entscheidungen die Einspruchsfrist abzulaufen droht oder wenn das Recht, von einem Kauf zurückzutreten, verfällt.
Beispiel:	Wenn zu erkennen ist, dass Eltern damit überfordert sind, ihre Kinder angemessen zu versorgen, darf nicht gewartet werden, bis die Kinder ernsthaft gefährdet sind. Hier gilt ganz bestimmt: Perículum in mora.

Vokabeln:	perículum, perícul<u>i</u>: *n* Gefahr ▸ engl. peril, frz. péril, it. pericolo
	in: *Präposition mit Ablativ auf die Frage „Wo?"* in, an, auf
	mora, morae: *f* Verzögerung, Aufschub ▸ dt. Moratorium, engl. moratorium, frz. moratoire, it. mora (Verzug, Zahlungsverzug)
Grammatik:	*Perículum in mora*: zu ergänzen *est* (ist/ besteht). *in mora*: im Abwarten, im Zögern

81. Qui tacet, consent<u>i</u>re vid<u>e</u>tur (ubi loqui pótuit et débuit).

Herkunft:	Liber Sextus Decretálium, Régulae iuris 43 (unter Gregor IX; 1170 – 1241)
Wörtlich:	Wer schweigt, scheint zuzustimmen (wo er reden konnte und musste / wo er hätte reden können und müssen).
Bedeutung:	Wer zu einer ihm erklärten Auslegung eines Vertrages schweigt, ist offenbar mit ihr einverstanden; denn sonst hätte er ja widersprochen. Diese aus dem Rechtsbereich stammende Regel gilt auch andernorts: Schweigen kann immer als Zustimmung gedeutet werden.
Beispiel:	„Heute hat einer im Büro gesagt, wir sollten unserem Chef zu seinem Geburtstag einen großen Präsentkorb schenken. Als keiner etwas dazu gesagt hat, hat er gleich telefonisch eine Bestellung aufgegeben. Aber anschließend waren einige ganz sauer, weil ihnen das viel zu teuer war." „Wieso? Es hat doch keiner widersprochen: Qui tacet, consentire videtur."

Vokabeln:	qui, quae, quod: *Relativpronomen* welcher, welche, welches; der, die, das; wer, was
	tacere, táceo, tácui, (taciturus): schweigen, verschweigen ▶ frz. taire, taciturne, tacite (unausgesprochen), it. tacere
	consentire, conséntio, consensi, consensum: übereinstimmen ▶ dt. Konséns, engl. consent, cónsense, frz. consentir, it. consentire, consenso
	videri, vídeor, visus sum: (*Passiv / Medium zu* videre) gesehen werden / scheinen
	ubi: *Relativadverb* wo
	loqui, loquor, locutus sum: *Deponens* reden, sprechen ▶ dt. Kolloquium, engl. loquacious (redselig), frz. colloque, loquace, it. loquace (redselig)
	posse, possum, pótui, -: können ▶ dt. Potenz, potenzieren, engl. possible, possibility, frz. possible, possibilité, it. potere, potenza, possibile
	et: *Konjunktion* und, (*manchmal:*) auch
	debere, débeo, debui, débitum: schulden; müssen ▶ dt. Debitum, engl. debt, frz. devoir, débit, débiteur, dette, it. dovere, debito
Grammatik:	*qui*: Subjekt zu *tacet*
	tacet: 3. Person Singular Indikativ Präsens, Prädikat des Nebensatzes
	Der Relativsatz *Qui tacet* ist das Subjekt zum Hauptsatz *consentire videtur*.
	videtur: 3. Person Singular Indikativ Präsens Medium (nicht Passiv)
	pótuit: 3. Person Singular Indikativ Perfekt von *posse*, erstes Prädikat des Nebensatzes
	debuit: 3. Person Singular Indikativ Perfekt von *debere*, zweites Prädikat des Nebensatzes.

Der hinzugefügte Nebensatz *ubi loqui et debuit* enthält ein lokales Adverbiale zu *tacet*: die im Hauptsatz
aufgestellte Behauptung gilt nur dort, 'wo er reden
konnte und musste', deutsch meist im Konjunktiv
formuliert: 'wo er hätte reden können und müssen'

82. Semper quiescens des
iniúriae locum.

Herkunft:	Publílius Syrus (1. Jh. v. Chr.), Senténtiae 592
Wörtlich:	Immer ruhig bleibend gibst du wohl dem Unrecht Raum / Wenn man immer alles ruhig hinnimmt, gibt man wohl dem Unrecht Raum.
Bedeutung:	Wenn Unrecht geschieht, ohne dass sich jemand dagegen wendet, wird wahrscheinlich noch mehr Unrecht geschehen. Das lässt sich verallgemeinern: Wenn man nicht protestiert, wenn etwas gefordert wird, was man für unzumutbar hält, braucht man sich nicht zu wun- dern, wenn weitere Zumutungen folgen.
Beispiel:	„Als ich eingestellt wurde, war ich verpflichtet, sams- tags bis 13.00 Uhr zu arbeiten, dann bis 14.00. Jetzt soll ich bis 21.00 im Laden stehen. „Und hast du protestiert?" „Ne, ich habe gedacht, dann würde ich vielleicht entlassen." „Aber du weißt doch: Semper quiescens des iniúriae locum."

Vokabeln:	semper: *Adverb* immer ▶ engl. sempiternal, frz. sempiternel, it. sempre
	quiéscere, quiesco, quievi, quietum: ruhen, sich ruhig verhalten ▶ dt. Quietismus, engl. quiescent, quiet, frz. quiétisme, quiétude, it. quiescente, quieto
	dare, do, dedi, datum: geben ▶ Dativ, Datum, datieren, engl. dative, date, datum, data, frz. datif, datation, dater, it. dare, datare
	iniúria, iniúriae: *f* Unrecht ▶ dt. Verbalinjurie, frz. injure (Beleidigung), it. ingiuria
	locus, loci: *m* Ort, Platz, Stelle ▶ dt. Lokal, Lokalität, Lokalpatriot, engl. local, frz. local, localité, lieu, it. luogo
Grammatik:	quiescens: Nominativ Singular Partizip Präsens, Prädikativum zum Subjekt: 'als stille Schweigender'.
	des: 2. Person Singular Konjunktiv Präsens zu *dare*, Prädikat. Das Subjekt (du) ist durch die Personalendung (-s) ausgedrückt. Der Konjunktiv dient hier dazu, die Behauptung abzuschwächen. Das können wir im Deutschen durch 'wohl' erreichen, wobei auch oft die zweite Person durch das unpersönliche 'man' ersetzt wird.
	semper ist Adverbiale zu *quiescens*, hier wird also nicht von nur gelegentlichem Stillehalten gesprochen.
	iniúriae: Dativobjekt zu *des*
	locum: Akkusativobjekt zu *des*
	dare gehört zu den Verben mit Reduplikationsperfekt (Verdopplung des Stammkonsonanten, hier d: dedi).

83. Cunctando senescunt consília.

Herkunft:	Nach Lívius (59 vor – 17 n. Chr.), Ab urbe cóndita XXXV 12, 3
Wörtlich:	Durch Zögern altern die Pläne. Wenn man <zu lange> abwartet, werden die Pläne / die Beschlüsse alt.
Bedeutung:	Oft sind Pläne überholt, wenn man sie nicht zügig in die Tat umsetzt. Auch ein guter Rat verliert seinen Wert, wenn er erst einmal auf Eis gelegt wird.
Beispiel:	„Du wolltest doch als Austauschschüler nach Kanada gehen. Hat das geklappt?" „Leider nein. Ich wollte erst noch einmal darüber nachdenken. Und jetzt sind die Plätze vergeben." „Ja, manchmal macht das Abwarten alle Pläne zunichte: Cunctando senescunt consília."
Vokabeln:	cunctari, cunctor, cunctatus sum: *Deponens* zögern, zaudern senescere, senesco, senui, – : alt werden ▸ dt. senil, engl. senile, senility, frz. senescence, senil, it. senior, senile consílium, consílii: *n* Rat, Plan, Einsicht ▸ dt. Konsiliartätigkeit, engl. counsel, frz. conseil, it. consiglio
Grammatik:	*cunctando*: Ablativ des Gerúndiums (des deklinierten Infinitivs), *ablativus instrumentalis* (Ablativ des Mittels), Adverbiale zum Prädikat *senescunt* *senescunt*: 3. Person Singular Indikativ Präsens, Prädikat *consília*: Nominativ Plural Neutrum, Subjekt Erst am letzten Wort, *consília*, merkt man, dass eine Metapher (bildliche Redeweise) vorliegt.

84. Quidquid agis, prudenter agas et réspice finem!

Herkunft:	Gesta Romanorum (Ende des 13. Jh.) 103
Wörtlich:	Was immer du tust, handle bitte besonnen und bedenke das Ende/Ziel!
Bedeutung:	Man sollte sich immer überlegen, ob bei dem, was man tut, am Ende voraussichtlich das herauskommt, was man sich wünscht.
Beispiele:	Wer einen neuen Flughafen befürwortet, sollte die möglichen Ruhestörungen in der Nacht in seine Überlegungen einbeziehen: Quidquid agis, prudenter agas et réspice finem!"
Vokabeln:	quisquid, quidquid (quicquid): *Indefinitpronomen* wer/was auch immer ágere, ago, egi, actum; tun, treiben, handeln ▶ dt. agieren, Agenda, Agent, Agentur, Aktion, engl. act, agenda (Tagesordnung), agent, frz. agir, agenda (Kalender), agent (Polizist; Vertreter), it. agente (wirkend, tätig; Agent, Vertreter) prudenter: *Adverb* zu prudens (*aus* providens vorausschauend) einsichtig, besonnen, klug ▶ engl. prudent, frz. prudent, it. prudente respícere, -spício, -spexi, -spectum: zurückblicken, berücksichtigen ▶ dt. Respekt, respektive, engl. respect, frz. respecter (achten), it. rispettare, rispetto finis, finis: *m* Grenze, Ende, Ziel ▶ dt. final, frz. fin, it. fine

Grammatik:	*quidquid*: Akkusativobjekt zu *agis*
	agis: 2. Person Singular Indikativ Präsens, Prädikat des Nebensatzes
	prudenter: Adverb zu *prudens*, Adverbiale zu *agas*
	agas: 2. Person Singular Konjunktiv Präsens, Prädikat des ersten Hauptsatzes, Konjunktiv zum Ausdruck einer höflichen Aufforderung
	réspice: Imperativ Singular, 'bedenke', 'berücksichtige', Prädikat des zweiten Hauptsatzes
	finem: Akkusativobjekt zu *réspice*. Der entscheidende Gesichtspunkt, auf den alles Handeln zielen sollte, wird durch das letzte Wort ausgedrückt *(finem)*.
	ágere gehört zu den Verben mit Dehnungsperfekt: *egi*.
	respícere gehört zu den Verben mit s-Perfekt *(respexi)*.
	Um das Versmaß, den (aus 6 Füßen bestehenden) Hexámeter, hörbar zu machen, kann man die fettgedruckten Vokale betonen: *quidquid agis, prudenter agas, et respice finem.*

85. Vestígia terrent.

Herkunft:	Horáz (65 – 8 v. Chr.), Epístulae I 1,74 (nach Äsóp)
Wörtlich:	Die Spuren schrecken.
Bedeutung:	Wer sieht, dass Menschen, die einen bestimmten Weg beschritten haben, ein böses Ende gefunden haben, oder dass edle Ziele großes Unheil zur Folge hatten, kann sich dadurch gewarnt sehen.

Beispiel:	In der Fabel des Äsóp liegt der gealterte Löwe in der Höhle und empfängt Besuch von anderen Tieren. Er ist zu schwach, um sich draußen Beute zu erjagen. Der schlaue Fuchs aber bemerkt, dass viele Spuren in die Höhle hineinführen, aber keine heraus. Darum weigert er sich, die Höhle zu betreten; es soll ihm nicht so ergehen wie den Besuchern vor ihm: Vestígia terrent.
Vokabeln:	vestígium, vestígii: *n* Spur ▶ engl. vestige, frz. vestige, it. vestigio (Spur, Andenken; Überrest) terrēre, térreo, térrui, térritum: *(jemanden)* erschrecken, in Schrecken setzen ▶ dt. Terror, terrorisieren, engl. terrify, terrible, terror, frz. terrifier, it. terrorizzare, terrore
Grammatik:	*vestígia*: Nominativ Plural Neutrum, Subjekt zu *terrent* *terrent*: 3. Person Plural Indikativ Präsens, Prädikat

86. Ut sementem féceris, ita metes.

Herkunft:	Rusca (2. Jh. v. Chr.) bei Cícero (106 – 43 v. Chr.), De oratore II 261
Wörtlich:	Wie du gesät haben wirst, so wirst du ernten. Wie man sät, so wird man ernten. Wie die Saat, so die Ernte!
Bedeutung:	Man soll sich schon, bevor man etwas in Angriff nimmt, darüber im Klaren sein, dass das eigene Tun früher oder später entsprechende Folgen haben wird.
Beispiel:	Wenn die Investitionen im Bildungsbereich erhöht werden, wird das in einem rohstoffarmen Land wie dem unseren positive Folgen für den Wirtschaftsstandort haben. Also sollte jetzt mehr für die Bildung getan werden: Ut sementem féceris, ita metes.

Vokabeln:	ut: *vergleichende Konjunktion* wie
	sementis, sementis: f Saat, Aussaat ▸ dt. Seminar, engl. seminar, semen (Sperma), frz. semis, semer, it. sementa, seminare
	fácere, fácio, fēci, factum: tun, machen ▸ dt. Fakt, Affäre, engl. fact, frz. faire, faisable (machbar), it. fare
	ita: *Adverb* so
	métere, meto, (messem fēci), messum: mähen, abmähen, ernten ▸ it. mietere
Grammatik:	*Ut sementem fēceris*: Vergleichssatz
	fēceris: Prädikat des Nebensatzes, 2. Person Singular, Futur II, weil die Handlung vor der des Hauptsatzes *ita metes* ausgeführt wird und dessen Prädikat im Futur steht.
	metes: 2. Person Singular Futur zu *métere*, Prädikat des Hauptsatzes
	Das Futur zeigt, dass der Spruch sich an jemanden richtet, der das Aussäen noch vor sich hat. Er ist also als Warnung vor unbedachtem Handeln gemeint.
	fácere gehört zu den Verben mit Dehnungsperfekt (*fēci*).

87. Nihil nimis!

Herkunft:	Cícero (106 – 43 v. Chr.), Dē finibus bonōrum et malōrum III 73
Wörtlich:	Nichts im Übermaß!
Bedeutung:	Die Empfehlung, nichts zu übertreiben, gilt für viele Lebensbereiche.
Beispiel:	Bräune wird heutzutage als schön empfunden. Zu viel Sonne kann aber Hautkrebs verursachen. Ja, wie sagt der Lateiner? Nihil nimis!

Vokabeln:	nihil (= nil): *Indefinitpronomen* nichts ▶ dt. Nihilismus, engl. nil, nihilisme, frz. nihilisme, nihiliste, it. niente nimis: *Adverb* zu sehr, allzu
Grammatik:	Hier könnte man *fiat* hinzufügen: 'Es möge geschehen'. *fiat* ist Konjunktiv Präsens zum Ausdruck eines Wunsches (Optativ).

88. Festina lente!

Herkunft:	Augustus (63 vor – 14 n. Chr.) bei Suetón (um 75 – um 150), De vita Cáesarum, 25,4 (ursprünglich griechisch, lateinische Formulierung bei Erasmus)
Wörtlich:	Eile langsam! Eile mit Weile!
Bedeutung:	Handle, aber mit Bedacht! Oder wie der Chinese sagt: Wenn du bald ankommen willst, musst du langsam gehen.
Beispiel:	Häufig werden außerordentlich günstige Angebote gemacht, zum Beispiel ein hochwertiges Handy oder ein Motorrad mit 0 % Finanzierung und kleinen Raten. Wer da allzu rasch zugreift, verschuldet sich vielleicht so, dass er die Raten nicht mehr bezahlen kann und die erworbenen Dinge zurückgeben muss. Dann merkt er, dass er zunächst seine finanziellen Verhältnisse hätte überprüfen sollen gemäß dem Motto 'Festina lente!'
Vokabeln:	festinare, festino, festinavi, festinatum: eilen, sich beeilen; etwas eilig tun lentus, lenta, lentum: langsam ▶ frz. lent, it. lento
Grammatik:	*festina*: Imperativ Singular, Prädikat *lente*: Adverb, Adverbiale zu *festina*. Durch die Endstellung wird das Adverbiale hervorgehoben.

89. Gutta cavat lápidem non vi, sed saepe cadendo.

Herkunft:	Walther, Provérbia sententiaeque 10508
Wörtlich:	Der Tropfen höhlt den Stein nicht durch Gewalt, sondern durch stetes Fallen / dadurch, dass er oft fällt.
Bedeutung:	Die Natur zeigt, wie Hartes durch Weiches verformt werden kann: langsam, fast unmerklich bei stetiger Wiederholung. Auch für die Überwindung schwieriger Situationen oder die Lösung komplizierter Aufgaben kann statt roher Gewalt eher Beharrlichkeit geeignet sein.
Beispiel:	Aus der römischen Geschichte wird als berühmtes Beispiel für beharrliche Wiederholung Marcus Pórcius Cato (234 – 169), der 'alte Cato', zitiert; er glaubte, Karthago sei eine gefährliche Bedrohung für Rom. Also hängte er, bis er den Beginn des Krieges gegen Karthago erreichte, an jede seiner Reden im Senat den Satz an: „Céterum censeo Karthá-ginem esse delendam" ('Im übrigen bin ich der Ansicht, dass Karthago zerstört werden muss'). Und schließlich bewährte sich sein Verhalten: Gutta cavat lápidem non vi, sed saepe cadendo.
Vokabeln:	gutta, guttae: *f* Tropfen ▶ engl. gutter (Dachrinne), guttatim (tropfenweise), frz. goutte, it. goccia
	cavare, cavo, cavavi, cavatum: aushöhlen ▶ dt. konkav, engl. cave, frz. cave, it. caverna
	lapis, lápidis: *m* Stein ▶ dt. lapidar, frz. lapider (steinigen), it. lapide (Grabstein)
	non: *Adverb* nicht

vis: *(ohne Genitiv und Dativ: Akkusativ* vim, *Ablativ* vi*)*
Macht, Gewalt
sed: *Konjunktion* aber, sondern
saepe: *Adverb* oft
cádere, cado, cécidi, (casurus): fallen ▶ dt. Kasus,
engl. case, accident, incident, frz. cas, accident,
incident, it. cadere, caso, incidente (Unfall)

Grammatik:	*gutta* ist das *Subjekt*, *lápidem* das Akkusativobjekt zu *cavat*.

cavat: 3. Person Singular Indikativ Präsens, Prädikat
vi: Ablativ von *vis*, Adverbiale (*ablativus instrumentalis*, Ablativ des Mittels) zu *cavat*
cadendo: Ablativ des Gerúndiums (des deklinierten Infinitivs), Adverbiale (*ablativus instrumentalis*, Ablativ des Mittels)
saepe: Adverbiale zu *cadendo*: 'durch häufig Fallen', deutsch: 'durch häufiges/stetes Fallen'
cádere gehört zu den Verben mit Reduplikationsperfekt (Verdopplung des Stammkonsonanten, hier *c*: *cécidi*).
Um das Versmaß, den (aus 6 Füßen bestehenden) Hexámeter, hörbar zu machen, kann man die fettgedruckten Vokale betonen: *Gutta cavat lápidem non vi, sed saepe cadendo.*

90. Cunctando restítuit rem.

Herkunft:	Nach Vergíl, Änéis VI 846
Wörtlich:	Durch Zögern/abwartendes Verhalten stellte er den Staat/die staatliche Ordnung wieder her.

Bedeutung:	Durch Hinhaltetaktik gegenüber Hannibal rettete Q. Fabius Maximus Cunctator im zweiten Punischen Krieg nach der Niederlage am Trasumenischen See (217) den römischen Staat. In schwierigen oder schwer zu überschauenden Situationen, in denen man einer Auseinandersetzung nicht gewachsen ist oder zu einer Entscheidung noch nicht fähig ist, kann gerade das Abwarten die Lösung oder Rettung bringen.
Beispiel:	„Du wolltest doch voriges Jahr ein Grundstück kaufen. Hat das geklappt?" „Ich konnte damals den geforderten Preis nicht zahlen. Das hätte mich völlig ruiniert." „Also hast du nicht gekauft?" „Doch, nachdem ich lange genug gewartet hatte, ist der Verkäufer mit seinen Forderungen heruntergegangen." „Aha, das Warten hat sich gelohnt: Cunctando restítuit rem."
Vokabeln:	cunctari, cunctor, cunctatus sum: *Deponens* zögern, zaudern restitúere, restítuo restítui, restitutum: wiederherstellen ▶ dt. restituieren, engl. restitution, frz. restituer (zurückgeben), it. restituire res, rei: *f* Sache ▶ dt. reell, real, engl. real, reality, frz. réalité, it. reale, realtà
Grammatik:	*cunctando*: Ablativ des Gerundiums (des deklinierten Infinitivs), *ablativus instrumentalis* (des Mittels), Adverbiale zu *restítuit* *restítuit*: 3. Person Singular Indikativ Präsens oder Perfekt (hier doch wohl Perfekt), Prädikat *rem*: Akkusativobjekt zu *restítuit. rem* ist ein Allerweltswort wie ähnlich im Deutschen die 'Sache', hier wohl: 'Staat, die staatliche Ordnung' oder: 'Ordnung, Lage'.

91. Non possunt ómnia simul <fíeri>.

Herkunft:	Cícero, Epístulae ad Átticum XIV 15,3
Wörtlich:	Es kann nicht alles zugleich/auf einmal <geschehen>.
Bedeutung:	Wo viele Dinge geändert oder neu geschaffen oder gelernt werden müssen, kann das nur schrittweise geschehen. Auch Rom wurde nicht an einem Tage erbaut.
Beispiel:	Damit die Völker der Europäischen Union ein echtes Zusammengehörigkeitsgefühl entwickeln, bedarf es noch vieler kleiner Veränderungen in der Realität und im Bewusstsein der Menschen. Das kann ein langwieriger Prozess sein, denn: Non possunt ómnia simul <fíeri>.
Vokabeln:	no̱n: *Adverb* nicht posse, possum, pótui̱, – : können ▶ dt. Potenz, potenzieren, engl. possible, possibility, frz. possible, possibilité, it. potere, potenza, possibile omnis, omnis, omne: all, jeder, ganz ▶ dt. Omnibus, Omnipotenzphantasien, engl. omniscient, frz. omnipotence, omniprésence, it. onnipresente simul: *Adverb* zugleich, zur selben Zeit ▶ dt. simultan, engl. simultaneous, frz. simultané, it. simultaneo fíeri̱, fi̱o̱, factus sum: werden, geschehen; *(wird auch als Passiv zu* fácere *verwendet:)* gemacht werden
Grammatik:	*possunt*: 3. Person Plural Indikativ Präsens von posse *ómnia*: Nominativ Plural Neutrum, Subjekt: alle Dinge, alles *simul*: Adverbiale zum Prädikat *fíeri̱ possunt*

92. Rem tene, verba sequentur.

Herkunft:	Cato maior (234 – 149 v. Chr.) bei Iúlius Victor (4.Jh.) Ars rhetórica 197
Wörtlich:	Halte die Sache fest, die Worte werden folgen. Halte dich an das, was du sagen willst, dann werden sich die richtigen Worte einstellen.
Bedeutung:	Mit dieser Forderung wollte Cato seinen Sohn davor warnen, die üblichen – an griechischer Rhetorik geschulten – ausgeschmückten Reden zu halten: Wer genau weiß, was er erreichen will, kann das in nüchterner, sachlicher Redeweise tun, auch wenn er manchmal vielleicht etwas nach Worten suchen muss. Zu viel Rhetorik kann verdächtig sein.
Beispiel:	„Wie war denn der Vortrag gestern Abend?" „Der war sehr schön. Der Redner konnte wunderbar formulieren. Das möchte ich auch können!" „Kannst du mal zusammenfassen, was er gesagt hat?" „Nein, er hat so wunderbar formuliert, dass ich gar nicht so auf den Inhalt geachtet habe." „Vielleicht hätte er sich lieber an Cato halten sollen: Rem tene, verba sequentur. Dann wüsstest du jetzt mehr."
Vokabeln:	res, rei: *f* Sache ▶ dt. reell, real, engl. real, reality, frz. réalité, it. reale, realtà tenere, téneo, ténui, tentum: halten ▶ dt. Tenór, Ténor, engl. tenable, tenant (Mieter), tenure, frz. tenir, ténacité, it. tenere, tenore, tenente (Oberleutnant) verbum, verbi: *n* Wort ▶ dt. Verb, verbal, engl. verb, frz. verbe, it. verbo sequi, sequor, secutus sum: *Deponens mit Akkusativ* folgen ▶ dt. Sequenz, konsequent, engl. consequent, frz. suivre, it. seguire

Grammatik:	*Rem tene, verba sequentur*: Satzreihe aus zwei Haupt-sätzen, einem Befehlssatz und einem Aussagesatz im Futur *tene*: Imperativ Singular, Prädikat des ersten Haupt-satzes, das Akkusativobjekt dazu ist *rem*. *verba*: Nominativ Plural Neutrum, Subjekt zu *sequentur* *sequentur*: 3. Person Plural Futur, Prädikat des zweiten Hauptsatzes. Die Form sieht aus wie ein Passiv, *sequi* ist jedoch ein Deponens, das nur im Passiv vorkommt, aber aktivische Bedeutung hat. Das Futur muss hier im Lateinischen stehen, weil es von der zeitlichen Abfolge her notwendig ist. Im Deutschen nimmt man statt des Futurs oft das formal einfachere Präsens.

93. Médio tutíssimus ibis.

Herkunft:	Ovíd (43 vor – 17 n. Chr.), Metamorphosen II 137
Wörtlich:	In der Mitte wirst du am sichersten gehen.
Bedeutung:	Extreme Positionen sind oft gefährlich. Wenn man sich in der Mitte hält, ist man vor Fehlern besser geschützt und auch selber weniger leicht angreifbar.
Beispiel:	Ein Chef, dem es gelingt, die Mitte zwischen zu starker Führung und zu großer Freizügigkeit zu finden, wird damit wahrscheinlich ein angenehmes Klima in seinem Betrieb schaffen. Für ihn bewährt sich der Spruch: Médio tutíssimus ibis.
Vokabeln:	médius, média, médium: mittlerer, in der Mitte ▶ dt. Medium, Medien, medial, Medianwert, engl. media, medial, frz. médius (Mittelfinger), médium, it. medio tutus, tuta, tutum: geschützt, sicher ▶ dt. Tutor, Tutorium, engl. tutor, frz. touteur, it. tutore, tutela ire, eo, ii, itum: gehen ▶ it. ire

Grammatik: *médio*: Ablativ Singular Neutrum des substantivierten Adjektivs, zur Ortsangabe (meist steht die Präposition *in* davor).
tutíssimus: Superlativ von *tutus*, Prädikativum zu dem im Verb steckenden Subjekt 'du' (Sinn: 'Am sichersten wirst du sein, solange du in der Mitte gehst').
ibis: 2. Person Singular Futur zu *ire*, Prädikat. Wie das Futur zeigt, gilt der Rat jemandem, der noch nicht aufgebrochen ist.

94. Ut áliquid fíeri videatur.

Herkunft: Nach Plautus (um 250 – um 184 v. Chr.), Mercator 493

Wörtlich: Damit irgendetwas zu geschehen scheint / damit es so aussieht, als ob etwas getan würde.

Bedeutung: Es gibt Situationen, in denen man nichts Wirkungsvolles tun kann oder will. Wenn man aber vermeiden möchte, dass dies bemerkt wird, tut man zur Verschleierung seiner Untätigkeit irgendetwas, was man als wirkungslos ansieht.

Beispiel: Wenn Ärzte nicht erkennen können, woran ein Patient leidet, und darum nicht wissen, wie ihm zu helfen ist, geben sie ihm manchmal ein Placebo nach dem Motto 'Ut áliquid fíeri videatur'. Dann kann niemand sagen, sie seien untätig.

Vokabeln: ut: *finale Konjunktion mit Konjunktiv* dass, damit
áliquis, áliquid: *Indefinitpronomen* irgendetwas
fíeri, fio, factus sum: werden, geschehen; *(wird auch als Passiv zu* fácere *verwendet:)* gemacht werden
vidéri, vídeor, visus sum: *(Passiv / Medium zu* vidére*)* gesehen werden / scheinen

Grammatik:	*Ut áliquid fíeri videatur*: Finalsatz (Absichtssatz). Als Hauptsatz kann man etwa dazu denken: 'Wir tun jetzt mal etwas wahrscheinlich Wirkungsloses'. *videatur*: 3. Person Singular Konjunktiv Präsens, Prädikat, der Form nach Passiv. *Videri* ist hier aber als Medium zu verstehen mit der Bedeutung 'scheinen', also *ut videatur* 'damit es scheint'. Das Subjekt zu *videatur* ist *áliquid fíeri*. Man nennt einen solchen Ausdruck auch Nominativ mit Infinitiv, wobei *áliquid* das logische Subjekt ist: 'damit es scheint, dass irgendetwas geschieht'.

95. última rátio
(Deutsch meist ausgesprochen: última rázio)

Herkunft:	Nach Cícero (106 – 43 v. Chr.), Pro Quínctio 54
Wörtlich:	das letzte Verfahren/Mittel, der letzte Ausweg
Bedeutung:	Diesen Ausdruck gebraucht man dann, wenn man aus einer schwierigen Situation keinen erträglichen Ausweg mehr weiß und jetzt zu einem Mittel greift, das man höchst ungern anwendet.
Beispiel:	Bei einem unbelehrbaren Autofahrer, der immer wieder in die Radarkontrolle gerät, bleibt als última rátio nur der Führerscheinentzug.
Vokabeln:	últimus, última, últimum: der/die/das letzte ▶ dt. Ultimo, Ultimatum, ultimativ, engl. ultimo, ultimatum, frz. ultime, ultimatum, it. ultimo rátio, rationis: *f* Berechnung; Vernunft; Methode ▶ dt. rational, Ration, rationieren, engl. ration, frz. ratio (Koeffizient), ration, rationel, it. ragione, razionale
Grammatik:	Beachten Sie die Kongruenz des Adjektivs *última* mit dem femininen Substantiv *rátio*.

96. Princípiis obsta!

Herkunft:	Ovíd (43 vor – 17 n. Chr.), Remédia amóris 91–92
Wörtlich:	Wehre den Anfängen!
Bedeutung:	Ein Übel soll man sofort bei seiner Entstehung eindämmen, weil später seine Bekämpfung viel schwieriger ist. Diese Anweisung steht auch als Begründung hinter manchen medizinischen Vorsorgeuntersuchungen.
Beispiel:	„Du hast ja einen schrecklichen Husten." „Ja, schon acht Tage! Jetzt muss ich ein Antibiotikum nehmen, weil ich sonst vielleicht eine Lungenentzündung bekomme." „Warum hast du nicht gleich etwas unternommen? Du weißt doch: Princípiis obsta."
Vokabeln:	princípium, princípií: n Anfang, Ursprung (*auch:* Grund, Grundlage) ▶ dt. Prinzip, prinzipiell, engl. principle, prince, frz. prince, principal, it. principio obstare, obsto, óbstití, (obstáturus): im Wege stehen, hinderlich sein, wehren ▶ engl. obstacle, frz. obstacle, it. ostacolo
Grammatik:	*obsta*: Imperativ Singular, Prädikat *princípiis*: Dativ Plural zu *princípium*, Objekt zu *obsta* *obstare* gehört zu den Verben mit Reduplikationsperfekt (Verdoppelung des Stammkonsonanten, hier t: *óbstití*).

97. Tua res ágitur, páries cum próximus ardet.

Herkunft:	Horáz (65 – 8 v. Chr.), Epístulae I 18, 84
Wörtlich:	Dein Fall wird verhandelt, wenn die nächste Hauswand brennt. Es geht um dich / um deine Angelegenheit, wenn das Nachbarhaus brennt.
Bedeutung:	Der Brandfall dient als Bild für ein Problem, das in unmittelbarer Nähe auftritt. Dieses zu ignorieren, weil man sich persönlich nicht betroffen glaubt, ist kurzsichtig und gefährlich.
Beispiel:	„Ich bin nicht dafür, dass meine Steuergelder für eine Deicherhöhung ausgegeben werden." „Ja, weil dein Haus höher steht. Aber wenn die Flut höher steigt als beim letzten Mal, wie willst du dann einkaufen, wenn überall im Dorf Wasser steht? Merkst du dann vielleicht: Tua res ágitur, páries cum próximus ardet?"
Vokabeln:	tuus, tua, tuum: *Possessivpronomen* dein res, rei: *f* Sache ▸ dt. reell, real, engl. real, reality, frz. réalité, it. reale, realtà ágere, ago, egi, actum; tun, treiben, handeln ▸ dt. agieren, Agenda, Agent, Agentur, Aktion, engl. act, agenda (Tagesordnung), agent, frz. agir, agenda (Kalender), agent (Polizist; Vertreter), it. agente (wirkend, tätig; Agent, Vertreter) páries, paríetis: *m* Wand ▸ frz. paroi, it. parete cum: *Konjunktion mit Indikativ* wenn (*zeitlich:* wenn, dann), sooft próximus, próxima, próximum: der/die/das nächste ▸ dt. approximativ, engl. proximo, proximity, frz. proximité, prochain, it. prossimo ardere, árdeo, arsi, (arsurus): brennen ▸ engl. ardent; ardour, frz. ardent; ardeur, it. ardere; ardore

Grammatik:	*tua res*: Nominativ Singular, Subjekt zu *ágitur*
	tua: adjektivisches Attribut zu *res*
	ágitur: 3. Person Singular Indikativ Präsens Passiv, Prädikat des Hauptsatzes
	páries cum próximus ardet: Temporaler Adverbialsatz zur Angabe, wann das im Hauptsatz *Tua res ágitur* Gesagte gelten soll
	páries próximus: Nominativ Singular, Subjekt zu *ardet*
	próximus: adjektivisches Attribut zu *páries*
	Dadurch dass *próximus* nicht direkt neben *páries* steht, wird es betont.
	ardet: 3. Person Singular Indikativ Präsens, Prädikat des Nebensatzes
	Beachten Sie die Kongruenz des adjektivischen Possessivpronomens *tua* mit dem femininen Substantiv *res* und die des Adjektivs *próximus* mit dem maskulinen Substantiv *páries*.
	ágere gehört zu den Verben mit Dehnungsperfekt (*egi*).
	ardere gehört zu den Verben mit s-Perfekt (*arsi*).

98. Bis dat, qui cito dat.

Herkunft:	Nach Publílius Syrus (1. Jh. v. Chr.), Senténtiae 235
Wörtlich:	Doppelt gibt, wer schnell gibt.
Bedeutung:	Eine Hilfe, die schnell geleistet wird, ist viel wirksamer als eine zögerlich gewährte.
Beispiel:	Nach einem Erdbeben wäre es äußerst hilfreich, wenn die zum Auffinden von verschütteten Menschen benötigten Spürhunde möglichst sofort an Ort und Stelle wären, nicht erst nach einer Woche: Bis dat, qui cito dat.

Vokabeln:	bis: *Adverb* zweimal ▶ dt. bisexuell, engl. biscuit, bisect (halbieren), frz. bis (Zugabe), bisser (wiederholen), bissexué, it. bis (da capo, noch einmal) dare, d<u>o</u>, ded<u>i</u>, datum: geben ▶ Dativ, Datum, datieren, engl. dative, date, datum, data, frz. datif, datation, dater, it. dare, datare qu<u>i</u>, quae, quod: *Relativpronomen* welcher, welche, welches; der, die, das; wer, was cit<u>o</u>: *Adverb* schnell
Grammatik:	*bis*: Adverbiale zu *dat* *dat*: 3. Person Singular Indikativ Präsens, Prädikat des Hauptsatzes Der Relativsatz *qu<u>i</u> cit<u>o</u> dat* ist das Subjekt zu dem Hauptsatzprädikat *dat*. *qu<u>i</u>*: Nominativ Singular, Subjekt des Nebensatzprädikats *dat*, *cit<u>o</u>* ist das Adverbiale dazu. *dare* gehört zu den Verben mit Reduplikationsperfekt (Verdoppelung des Stammkonsonanten, hier *d*: *ded<u>i</u>*).

99. D<u>i</u>mídium fact<u>i</u>, qu<u>i</u> coepit, habet.

Herkunft:	Horáz (65 – 8 v. Chr.), Epístulae I 2,40
Wörtlich:	Wer angefangen hat, hat die Hälfte des Werkes <schon erledigt>.
Bedeutung:	Der Satz will Mut machen anzufangen. Etwas Neues zu beginnen, ist oft mit Unbehagen, Unsicherheit oder Angst verbunden. Ist der erste Schritt gemacht, sind die folgenden vergleichsweise leicht: Frisch gewagt, ist halb gewonnen!

Beispiel:	Viele Menschen, die mit ihrem Geld nicht auskommen, könnten damit beginnen, zur Klärung ihrer finanziellen Lage ein Ausgabenbuch zu führen. Dieser erste Schritt fällt schwer, aber der Erfolg wird nicht auf sich warten lassen: Dimídium facti, qui coepit, habet.
Vokabeln:	dimídium, dimídii: *n* die Hälfte ▸ engl. demigod (Halbgott), frz. demi, it. dimezzare (teilen)
	factum, facti: *n* das Getane, das Geschehene; die Tat ▸ dt. Faktum, engl. fact, frz. fait, it. fatto
	qui, quae, quod: *Relativpronomen* welcher, welche, welches; der, die, das; wer, was
	coepisse, coepi: *(nur im Perfektstamm)* beginnen, anfangen
	habere, hábeo, hábui, hábitum: haben, halten (*mit 2 Akkusativen:* halten für) ▸ dt. Habitus, engl. habit (Gewohnheit; gewandt), frz. avoir, habit, it. avere, abitudine (Gewohnheit)
Grammatik:	*dimídium facti* ist das Akkusativobjekt zu *habet*.
	facti ist das Genitivattribut zu *dimídium*, das angibt, was für eine Hälfte gemeint ist.
	habet: 3. Person Singular Indikativ Präsens, Prädikat des Hauptsatzes
	Der Relativsatz *qui coepit* ist das Subjekt des Hauptsatzprädikats *habet*.
	coepit: 3. Person Singular Indikativ Perfekt, Prädikat des Nebensatzes, also: 'wer die ersten Schritte bereits hinter sich hat'.

100. Veni, vidi, vici.

Herkunft:	Cäsar bei Suetón, De vita Cáesarum 37,2
Wörtlich:	Ich kam, sah, <und> siegte.
Bedeutung:	Durch schnelles Erfassen der Situation und sofortiges Handeln kann man manchmal einen Erfolg erzielen oder die Lage entspannen.
Beispiel:	Von Friedrich dem Großen, der den Kaffee als teuren Luxus verboten hatte, wird erzählt, er sei einmal dazugekommen, wie eine Menschenmenge sich die Hälse ausreckte, um eine hoch hängende Karikatur zu betrachten; auf ihr war Friedrich in kläglicher Gestalt mit einer Kaffemühle auf einem Fußschemel sitzend abgebildet. Friedrich sagte ohne Zögern lächelnd: „Tiefer hängen!" Durch diese schnelle Reaktion nach dem Motto 'Veni, vidi, vici' lockerte sich die gereizte Stimmung der Leute schlagartig.
Vokabeln:	veníre, vénio, veni, ventum: kommen ▶ frz. venir, it. venire vidére, vídeo, vidi, visum: sehen ▶ dt. Video, visuell, visualisieren, engl. video, survey (Überblick), frz. voir, it. vedere víncere, vinco, vici, victum: siegen, besiegen ▶ dt. Viktoria, engl. victory, victorious, frz. victoire, victorieux, it. vincere, vittoria
Grammatik:	*veni, vidi, vici*: 1. Person Singular Perfekt Aktiv Durch die Reihung der drei Prädikate ohne eine Konjunktion wird das Tempo der geschilderten Aktionen durch die sprachliche Form (äußerste Kürze) unterstrichen. Auch die Alliteration (gleicher Wortanfang) bei *veni, vidi, vici* erweckt den Eindruck, dass die drei Handlungen praktisch in eine einzige zusammenfallen. *veníre, vidére, víncere* sind sämtlich Verben mit Dehnungsperfekt (*veni, vidi, vici*).

101. Ut ameris, ama!

Herkunft:	Martiál (um 40 – 103), Epigrámmata VI 11,10
Wörtlich:	Damit du geliebt wirst, liebe. Willst du geliebt werden, so liebe!
Bedeutung:	Wer Zuneigung von anderen möchte, sollte erst einmal selber Zuneigung zeigen.
Beispiel:	„Wie kommen Sie als waschechter Frankfurter in die Lüneburger Heide?" „Ich habe in eine Bauernfamilie eingeheiratet." „Und wie kommen Sie mit den Alteingesessenen zurecht?" „Ich bin sofort nach dem Umzug in drei Chöre eingetreten, einen Kirchenchor und zwei Männerchöre, und dadurch habe ich sehr schnell den Eindruck gewonnen, dass ich akzeptiert werde." „Na, ja, wie sagt der Lateiner? Ut ameris, ama!"
Vokabeln:	ut: *finale Konjunktion mit Konjunktiv* dass, damit amare, amo, amavi, amatum: lieben, verliebt sein ▸ dt. Amateur, engl. amateur, amatory, frz. aimer, amour, it. amare, amante, amore, innamorato
Grammatik:	*ameris*: 2. Person Singular Konjunktiv Präsens Passiv, Prädikat des Nebensatzes *ama*: Imperativ Singular, Prädikat des Hauptsatzes *ut ameris*: Der Finalsatz 'damit du geliebt wirst' steht hier am Anfang, um das Problem zu zeigen, für das der Hauptsatz (*ama*) die Lösung anbietet. Man sagt auch: *ut ameris* ist das Thema 'Wie erfüllt sich das Verlangen nach Liebe?', *ama* das Rhema (die Aussage): 'Durch Liebe'.

102. Fórtiter in re, suáviter in modo!

Herkunft:	Walther, Provérbia sententiaeque 9832
Wörtlich:	Unerbittlich in der Sache, freundlich im Verfahren: Hart in der Sache, verbindlich im Ton!
Bedeutung:	In vielen Lebensbereichen kann man etwas, was einem wichtig ist, ohne nennenswerte Abstriche erreichen, wenn man seine Forderungen in freundlichem Ton vertritt, weil sich so niemand persönlich gekränkt fühlen wird.
Beispiel:	Jedes Land hat gewisse Erwartungen an neu eingewanderte Bürger. Diese sollten nach unserem Spruch möglichst klar formuliert werden, aber in einer Weise, die den anderen mit Achtung entgegentritt. Schwammig formulierte Forderungen sind ebenso von Übel wie eine herablassende Art bei ihrer Vermittlung. Der Spruch 'Fórtiter in re, suáviter in modo' sollte sich auch in der Kindererziehung bewähren.
Vokabeln:	fórtiter: *Adverb zu* fortis, fortis, forte: stark, tapfer, mutig ▸ dt. Pianoforte, engl. forte, fortify, frz. fort, fortifier, it. forte, fortezza in: *Präposition mit Ablativ auf die Frage „Wo?"* in, an, auf res, rei: *f* Sache ▸ dt. reell, real, engl. real, reality, frz. réalité, it. reale, realtà suáviter: *Adverb zu* suavis: süß, lieblich, angenehm ▸ engl. suave (weltmännisch; aalglatt), frz. suave, suavité, it. suave, suavità modus, modi: *m* Art und Weise; Maß ▸ dt. modal, Modalitäten, engl. mode, frz. mode, it. modo; modico

Grammatik:	Als Prädikat könnte man ergänzen *agendum est* 'es muss gehandelt/verhandelt werden' (*agendum* Gerundívum mit *est* zum Ausdruck der Notwendigkeit). Die beiden Teile der Redewendung sind parallel gebaut. Bei beiden steht ein Adverb als Adverbiale der Art und Weise (*fórtiter* bzw. *suáviter*) zu dem nicht vorhandenen Prädikat. Dahinter steht je eine zweites Adverbiale zur Angabe des Ortes, an dem die Aussage gelten soll: *in re* bzw. *in modo*. Die Parallelität kann dazu führen, dass der Spruch überzeugender wirkt und weniger leicht vergessen wird.

Anmerkungen zur Aussprache

Deutsche fragen manchmal, ob sie das lateinische 'c' wie 'z' aussprechen sollen oder wie 'k' (oder wie 'ß', wie häufig die Engländer, oder wie 'tsch', wie die Italiener). Für 'z' spricht die Ableitung 'Zar' von 'Caesar' oder 'Zelle' von 'cella', für 'k' das deutsche 'Kaiser' oder der von 'cellárius' abgeleitete 'Keller'. Offensichtlich hat sich die Aussprache des Lateinischen mit der Zeit gewandelt. Dass aber die gebildeten Zeitgenossen von Cäsar und Cicero jedes 'c' wie 'k' ausgesprochen haben, ist seit langem unumstritten.

Und woher wissen wir, wie Latein damals geklungen hat? Teils aus Terentianus Maurus (de lítteris, sýllabis et metris), einem nordafrikanischen Schriftsteller um 200 nach Christi Geburt, teils aus vereinzelten Kommentaren lateinischer Schriftsteller schon seit Cicero und aus Rückschlüssen etwa daraus, wie lateinische Namen ins Griechische übernommen wurden.
Nur auf einige Punkte soll im Folgenden eingegangen werden.

Vokallänge, Silbenlänge, Wortbetonung

Beim klassischen Latein wurde sehr genau auf die Länge der Vokale geachtet, dafür hatte der gebildete Römer ein feines Ohr. Manchmal geht es dabei nicht nur um den schönen Klang, sondern um eine unterschiedliche Funktion: z. B. ist das Wort 'ánima' mit kurzem 'a' am Ende der Nominativ (Subjektskasus), mit langem 'a' hingegen der Ablativ (Adverbialkasus).

Ein lange Silbe soll genau so viel Zeit in Anspruch nehmen wie zwei kurze, so wie im Vierviertéltakt eine halbe Note genau so lang zu spielen ist wie zwei Viertel zusammen. Zum Beispiel ist bei dem Wort 'glória' (Ruhm) das 'o' lang, 'i' und 'a' sind kurz, also muss die Aussprache der Silbe 'gló' genau so viel Zeit einnehmen wie die der beiden Silben 'ri' und 'a' zusammen.

Die Silbenlänge spielt auch bei der Wortbetonung eine Rolle. Der Ton liegt in der Regel auf der zweitletzten Silbe (paenúltima), nämlich dann, wenn diese lang ist, sonst auf der drittletzten (antepaenúltima). Als lang gilt eine Silbe, wenn sie einen langen Vokal (a, e, i, o, u) oder einen

Diphthong 〈ae, oe, au, ui, eu〉 enthält (naturlang), den man auch als Diphthong auszusprechen hat, also 'ai' oder (mit leicht verdunkeltem 'i') 'ae', nicht 'ä', 'oe' wie 'oi', 'eu' wie 'ä_u'.

Aber auch mehrere Konsonanten hinter einem Vokal lassen in der Regel eine Silbe als lang erscheinen, z. B. 'prudenter': die Silbe 'pru' ist naturlang wegen des langen 'u', die Silbe 'den' ist positionslang, d. h. sie gilt als lang, weil auf das 'e' zwei Konsonanten folgen, nämlich 'n' und 't'. Wenn man die Silbe als lang hörbar machen möchte, müsste man das 'n' etwas dehnen.

Konsonanten

Stellen Sie mal eine brennende Kerze vor sich auf und sagen Sie dann dreimal laut 'Papperlapapp'. Die Kerze wird heftig flackern, vielleicht sogar verlöschen. Aber der p-Laut, den Sie da ausgesprochen haben, ist genau der, den Sie für die korrekte Aussprache von 'philósophus' benötigen. Darum steht hinter dem 'p' das 'h'. Wenn Sie nun aber in Ihrer Rede 'philósophus' mit diesem von einem Hauch gefolgten 'p' sprechen, werden sich Ihre Zuhörer sehr wundern. Bleiben Sie also lieber bei der vom Deutschen gewohnten Aussprache, bei der 'ph' = 'f' ist ('filósofus').

Wenn Sie dreimal laut "Kuckuck" sagen, wird die Kerze ebenfalls flackern, weil man im Deutschen auch hinter 'k' (wie auch hinter 't') immer - ohne es zu merken - einen Hauchlaut einfügt. Im Lateinischen ist der Hauchlaut nur dann angemessen, wenn ein 'h' geschrieben wird, also auch bei 'schola': 's_k_h_ola', nicht 'sch' wie in 'Schule'. Bei 'theatrum' wird ebenfalls, wie das 'h' zeigen soll, der Hauchlaut benötigt (nicht das englische 'th'). Wenn 'p' oder 'c' oder 't' ohne 'h' geschrieben sind, sollte man als Deutscher versuchen, den Hauchlaut zu vermeiden. Franzosen und Italiener machen das übrigens von selbst richtig, weil es in ihren Sprachen keinen solchen Hauchlaut gibt.

Jedes 's' ist stimmlos, also wie das deutsche 'ß' oder 'ss', das 'r' ist ein Zungen-r, kurz, aber deutlich gerollt, 'v' wird wie das englische 'w' ausgesprochen. 'gn' in 'magnus' entspricht dem deutschen 'ng' wie in 'Mangel', also ist 'magnus' als 'mangnus' auszusprechen. Ein 't' vor 'i' bleibt 't', also 'nátio' (nicht 'názio').

Die Fließlaute 'l' und 'r' sind am Schluss eines Wortes länger anzuhalten, als ob sie verdoppelt wären. Doppelkonsonanten müssen doppelt so lang sein wie einfache. Das erreicht man, indem man - wie die Italiener - zwischen die beiden Konsonanten eine winzige Pause einschiebt.

Eine nach allem, was wir wissen, 'korrekte' Aussprache hat sich bisher in den deutschen Schulen nur teilweise durchgesetzt; sie würde dem Latein einen interessanten, allerdings ungewohnten Klang verleihen. Das können Sie erleben bei Wilfried Stroh, 'Proben lateinischer Verskunst' (München 1981, Kassette mit Textheft), 2007 als Doppel-CD angeboten bei www.antike-zum-begreifen.de.

Für den Alltag empfehlen wir Ihnen die Beachtung von fünf der oben genannten Punkte: Betonung, Diphthonge, 'c'='k', 's' = 'ß', 'ti' = 'ti'.

Mittelalter
Im Mittelalter ist weitgehend die Unterscheidung von langen und kurzen Vokalen verloren gegangen. Daher wird auch der Versbau nicht mehr durch eine Abfolge von langen und kurzen Silben geregelt, sondern von betonten und unbetonten wie im heutigen Deutsch.
Auch die Diphthonge verschwinden in Aussprache und Schrift weitgehend, 'Cícero' klingt jetzt wie 'Zízero', 'natio' wie 'názio'.

Lateinische Liste mit Angabe der Nummern

Epístula non erubescit.	Nr. 25
Errare humanum est.	Nr. 14
Exercitátio est mater studiorum.	Nr. 50
Festina lente!	Nr. 88
Fortes fortuna ádiuvat.	Nr. 7
Fórtiter in re, suáviter in modo!	Nr. 102
Gutta cavat lápidem non vi, sed saepe cadendo.	Nr. 89
In dúbio pro reo <iudicandum est>!	Nr. 60
In magnis voluisse sat est.	Nr. 54
In médias res!	Nr. 44
Ingratus unus ómnibus míseris nocet.	Nr. 11
Iracúndiam qui vincit, hostem súperat máximum.	Nr. 29
Iucundi acti labores.	Nr. 39
Legem brevem esse oportet, quo facílius ab imperitis teneatur.	Nr. 15
Malefácere qui vult, numquam non causam ínvenit.	Nr. 26
Médicus curat, natura sanat.	Nr. 17
Médio tutíssimus ibis.	Nr. 93
Mens sana in córpore sano!	Nr. 43
Multum, non multa!	Nr. 51
Múnera, crede mihi, cápiunt hominesque deosque.	Nr. 6
mutatis mutandis	Nr. 46
Naturam expelles furca, tamen usque recurret. 16	
Ne bis in idem!	Nr. 61
Nihil nimis!	Nr. 87
nolens volens	Nr. 23
Non liquet.	Nr. 47

Non omne, quod licet, honestum est.	Nr. 65
Non possunt ómnia simul \<fíeri\>.	Nr. 91
Non scholae, sed vitae díscimus.	Nr. 49
Non sum, qualis eram.	Nr. 24
Nulla dies sine línea \<sit\>!	Nr. 55
Nullo actore nullus iudex.	Nr. 63
Nusquam est, qui ubique est.	Nr. 79
Óderint, dum métuant.	Nr. 74
Omnes enim beati esse volunt.	Nr. 2
Ora et labora!	Nr. 3
Partúriunt montes, nascetur ridículus mus.	Nr. 18
Perdidisse honeste mallem quam accepisse túrpiter.	Nr. 30
Perículum in mora.	Nr. 80
Plenus venter non studet libenter.	Nr. 52
Praesenti médico nihil nocet.	Nr. 31
Princípiis obsta.	Nr. 96
pro domo	Nr. 28
Qui invitus servit, fit miser, servit tamen.	Nr. 12
Qui tacet, consentire videtur.	Nr. 81
Quid sit futurum cras, fuge quáerere!	Nr. 78
quidquid agis, prudenter agas et réspice finem!	Nr. 84
Quod di bene vortant!	Nr. 1
Quod non est in actis, non est in mundo.	Nr. 67
Quod non fecerunt bárbari, fecerunt Barberini.	Nr. 75
Quod non rite factum est, pro infecto habetur.	Nr. 66
Quod raro fit, non observant legislatores.	Nr. 64
Quot hómines, tot senténtiae: suus cuique mos.	Nr. 32

Deutsch-lateinische Liste mit Angabe der Nummern

Alle wollen glücklich sein. –   Nr. 2
    Omnes enim beati esse volunt.

Bei großen Dingen genügt es, gewollt zu haben. –   Nr. 54
    In magnis voluisse sat est.

Bete und arbeite! –   Nr. 3
    Ora et labora!

Damit irgendetwas zu geschehen scheint. –   Nr. 94
    Ut áliquid fíeri videatur.

Das gehörte Wort vergeht, der geschriebene Buchstabe bleibt. – Nr. 38
    Vox audita perit, líttera scripta manet.

Das Leben <ist> kurz, die Kunst <ist> lang. –   Nr. 8
    Vita brevis, ars longa.

Dem, der einwilligt, geschieht kein Unrecht. –   Nr. 72
    Volenti non fit iniúria.

Den Tapferen hilft das Glück / die Glücksgöttin. –   Nr. 7
    Fortes fortuna ádiuvat.

Der letzte Ausweg –   Nr. 95
    última rátio

Der Arzt pflegt, die Natur heilt. –   Nr. 17
    Médicus curat, natura sanat.

Der Tropfen höhlt den Stein nicht durch Gewalt, sondern durch Nr. 89
stetes Fallen. –
    Gutta cavat lápidem non vi, sed saepe cadendo.

Die Berge kreißen und es wird eine winzige Maus zur Welt   Nr. 18
kommen. –
    Partúriunt montes, nascétur rídículus mus.

Die bloße Absicht, einen Diebstahl zu begehen, macht keinen Nr. 73
<zum> Dieb. –
    Sola cogitátio furti faciendi non facit furem.

<Die Sache> ist nicht klar. –   Nr. 47
   Non liquet.

Die Spuren schrecken. –   Nr. 85
   Vestígia terrent.

Die Zeiten ändern sich und wir ändern uns in/mit ihnen. –   Nr. 45
   Témpora mutantur, nos et mutamur in illis.

Doppelt gibt, wer schnell gibt. –   Nr. 98
   Bis dat, qui cito dat.

Du wirst die Natur mit der Mistgabel austreiben, sie wird   Nr. 16
   dennoch ständig wiederkommen. –
   Naturam expelles furca, tamen usque recurret.

Durch abwartendes Verhalten stellte er den Staat wieder her. –
   Cunctando restítuit rem. 90

Durch Lehren lernen wir. –   Nr. 48
   Docendo díscimus.

Durch Zögern altern die Pläne. –   Nr. 83
   Cunctando senescunt consília.

Eile mit Weile! –   Nr. 88
   Festina lente!

Ein Barbar bin ich hier, weil ich von niemandem verstanden   Nr. 22
   werde. –
   Bárbarus hic ego sum, quia non intéllegor ulli.

Ein Brief wird nicht rot. –   Nr. 25
   Epístula non erubescit.

Ein einziger Undankbarer schadet allen Armen. –   Nr. 11
   Ingratus unus ómnibus míseris nocet.

Ein Gesetz muss kurz sein, damit es von unerfahrenen   Nr. 15
   Menschen leichter eingehalten werden kann. –
   Legem brevem esse oportet, quo facílius ab imperitis
   teneatur.

Ein gesunder Geist <sei> in einem gesunden Körper! –   Nr. 43
   Mens sana in córpore sano!

Ein voller Bauch studiert nicht gern. –
Plenus venter non studet libenter.

Nr. 52

Eine Gefälligkeit anzunehmen bedeutet, seine Freiheit zu verkaufen. –
Benefícium accípere libertatem est véndere.

Nr. 10

Einen Abwesenden verletzt, wer mit einem Betrunkenen streitet. –
Absentem laedit, cum ébrio qui lítigat.

Nr. 21

Es geht um dich, wenn das Nachbarhaus brennt. –
Tua res ágitur, páries cum próximus ardet.

Nr. 97

Es ist nicht alles, was erlaubt ist, anständig. –
Non omne, quod licet, honestum est.

Nr. 65

Es kann nicht alles auf einmal <geschehen>. –
Non possunt ómnia simul <fíeri>.

Nr. 91

Freunde, heute habe ich einen Tag verloren/vergeudet. –
Amici, hódie diem pérdidi.

Nr. 77

Für wen <war das> gut? – Cui bono?

Nr. 58

Gefahr im Verzug –
Perículum in mora.

Nr. 80

Gehör verdient auch die Gegenseite! –
Audiatur et áltera pars!

Nr. 57

Geschenke, glaube mir, erobern sowohl Menschen als auch Götter. –
Múnera, crede mihi, cápiunt hominesque deosque.

Nr. 6

Gut gelebt hat der, der gut verborgen war. –
Bene vixit, qui bene látuit.

Nr. 27

Halte die Sache fest, die Worte werden folgen. –
Rem tene, verba sequentur.

Nr. 92

Hart in der Sache, verbindlich im Ton! –
Fórtiter in re, suáviter in modo!

Nr. 102

Hoffentlich endet das gut! –
  Quod di bene vortant!   Nr. 1

Ich bin nicht, wie ich war. –
  Non sum, qualis eram.   Nr. 24

Ich gebe, damit du gibst. –
  Do, ut des.   Nr. 69

Ich gebe weiter, was ich <selbst nur> gehört habe. –
  Relata réfero.   Nr. 34

Ich kam, sah, <und> siegte. –
  Veni, vidi, vici.   Nr. 100

Ich möchte lieber auf ehrenhafte Weise <etwas> verloren
haben, als auf schändliche Weise <etwas> bekommen
haben. –
  Perdidisse honeste mallem quam accepisse túrpiter.   Nr. 30

Im Zweifel für den Angeklagten! –
  In dúbio pro reo <iudicandum est>!   Nr. 60

Immer ruhig bleibend, gibt man wohl dem Unrecht Raum. –
  Semper quiescens des iniúriae locum.   Nr. 82

In der Mitte wirst du am sichersten gehen. –
  Médio tutíssimus ibis.   Nr. 93

In die Mitte der Dinge! –
  In médias res!   Nr. 44

In Gegenwart des Arztes hat es keine schädliche Wirkung. –
  Praesenti médico nihil nocet.   Nr. 31

In Hinblick auf die Ewigkeit –
  sub spécie aeternitatis   Nr. 40

In persönlichem Interesse –
  pro domo   Nr. 28

Irren ist menschlich. –
  Errare humanum est.   Nr. 14

Jedem das Seine! –
  Suum cuique!   Nr. 71

Kein Tag <sei> ohne Linie! –
  Nulla dies sine línea <sit>!

Nr. 55

Lieben und <zugleich> seinen Verstand gebrauchen, das wird
  kaum einem Gott zugestanden. –
  Amare et sápere vix deo concéditur.

Nr. 4

Mehr Wohltaten empfängt, wer sie zu erwidern weiß. –
  Benefícia plura récipit, qui scit réddere.

Nr. 70

Mit (oder: Nach) den erforderlichen Veränderungen –
  mutatis mutandis

Nr. 46

Mögen sie hassen, wenn sie nur fürchten. –
  Óderint, dum métuant.

Nr. 74

Nicht für die Schule, sondern für das Leben lernen wir. –
  Non scholae, sed vitae díscimus.

Nr. 49

Nicht zweimal gegen dasselbe! –
  Ne bis in idem!

Nr. 61

Nichts im Übermaß! –
  Nihil nimis!

Nr. 87

Nirgends ist, wer überall ist. –
  Nusquam est, qui ubíque est.

Nr. 79

Ohne Zorn und Eifer –
  sine ira et stúdio

Nr. 56

Sie kommen, um zu sehen, sie kommen, um selbst gesehen zu
  werden. –
  Spectatum véniunt, véniunt spectentur ut ipsae.

Nr. 19

Solange du glücklich bist, hast du viele Freunde. –
  Donec eris felix, multos numerabis amicos.

Nr. 9

Über das, was im Inneren (eines Menschen) vorgeht, urteilt
  kein Richter. –
  De internis praetor non iúdicat.

Nr. 62

Über Geschmack darf man nicht streiten. –
  De gústibus non est disputandum.   Nr. 33

Über sein Können hinaus ist niemand verpflichtet. –
  Ultra posse nemo obligatur.   Nr. 37

Über Tote <soll man> nichts <sagen>, wenn nicht in guter
  Weise. –
  De mórtuis nil nisi bene.   Nr. 13

Überstandene Mühen sind angenehm. –
  Iucundi acti labores.   Nr. 39

Übung ist die Mutter der Studien. –
  Exercitatio est mater studiorum.   Nr. 50

Unwillig und <gleichzeitig doch> willig –
  nolens volens   Nr. 23

Verleumde nur dreist, es bleibt immer etwas hängen. –
  Audacter calumniare, semper áliquid haeret.   Nr. 35

Viel, nicht vielerlei! –
  Multum, non multa!   Nr. 51

Wage es, deinen Verstand zu gebrauchen! –
  Sápere aude!   Nr. 41

Was die Barbaren nicht gemacht haben, haben die Barberini
  gemacht. –
  Quod non fecerunt bárbari, fecerunt Barberini.   Nr. 75

Was immer du tust, handle bitte besonnen und bedenke das
  Ende/Ziel! –
  quidquid agis, prudenter agas et réspice finem!   Nr. 84

Was morgen sein wird, <das> zu erfragen meide! –
  Quid sit futurum cras, fuge quáerere!   Nr. 78

Was nicht formgerecht geschehen ist, wird als nicht
  geschehen betrachtet. –
  Quod non rite factum est, pro infecto habetur.   Nr. 66

Was nicht in den Akten ist, ist nicht in der Welt. –   Nr. 67
  Quod non est in actis, non est in mundo.

Was selten vorkommt, das berücksichtigen die Gesetzgeber   Nr. 64
  nicht. –
  Quod raro fit, non observant legislatores.

Wehre den Anfängen! –   Nr. 96
  Princípiis obsta!

Wenn auch die Kräfte fehlen, so ist doch der Wille zu loben. –   Nr. 53
  Ut desint vires, tamen est laudanda voluntas.

Wenn du geschwiegen hättest, wärest du ein Philosoph   Nr. 20
  geblieben. –
  Si tacuisses, philósophus mansisses.

Wenn du verliebt bist, hast du wohl kein klares Urteil, oder   Nr. 42
  wenn du ein klares Urteil hast, bist du wohl nicht verliebt. –
  Cum ames, non sápias, aut cum sápias, non ames.

Wenn kein Kläger, dann kein Richter. –   Nr. 63
  Nullo actore nullus iudex.

Wenn zwei dasselbe tun, ist es nicht dasselbe. –   Nr. 68
  Duo cum fáciunt idem, non est idem.

Wer angefangen hat, hat schon die Hälfte des Werkes   Nr. 99
  <geschafft>. –
  Dimídium facti, qui coepit, habet.

Wer Böses tun will, findet immer einen Anlass. –   Nr. 26
  Malefácere qui vult, numquam non causam ínvenit.

Wer den Jähzorn besiegt, überwindet seinen größten Feind. –   Nr. 29
  Iracúndiam qui vincit, hostem súperat máximum.

Wer sagt, er habe eine Wohltat erwiesen, fordert <eine>. –   Nr. 76
  Benefícium qui dedisse se dicit, petit.

Wer schweigt, scheint zuzustimmen. –   Nr. 81
  Qui tacet, consentire videtur.

Wer unwillig dient, wird unglücklich, trotzdem <aber> dient er. –   Nr. 12
  Qui invitus servit, fit miser, servit tamen.

Wie man sät, so wird man ernten. –   Nr. 86
Ut sementem féceris, ita metes.

Wie viele Menschen, so viele Meinungen: jeder hat seine   Nr. 32
eigene Einstellung. –
Quot hómines, tot senténtiae: suus cuique mos.

Willst du geliebt werden, so liebe! –   Nr. 101
Ut ameris, ama!

Wo alle sündigen, wird ein Teil der Klage aufgehoben. –   Nr. 36
Ubi omnes peccant, pars querelae tóllitur.

Zum Mitschuldigen wird, wer dem Übeltäter Hilfe leistet. –   Nr. 59
Sócius fit culpae, qui nocentem súblevat.

Zum Narren macht das Glück, wen es verderben will. –   Nr. 5
Stultum facit fortuna, quem vult pérdere.

EST AD

NIANES

CVLCT

REDEGE

Q:ANN

NIAN

EST.AD RO

MORTVM

NIANE

CVLCT

ES DEGN

ANTE

EST AD
NIANES
CVLCT
REDEGE
Q:ANN
NIAN
EST AD RO
MORTVM
NIANE
CVLCT
ES DEGN
ANTE